北京企业国际化经营研究基地资助出版

会计学论丛

合资企业管理控制系统的研究
——基于汽车行业的多案例分析

RESEARCH ON MANAGEMENT CONTROL SYSTEM IN JOINT VENTURES
A MULTI-CASE STUDY IN CHINESE AUTOMOBILE INDUSTRY

汤谷良◎著

北京大学出版社
PEKING UNIVERSITY PRESS

图书在版编目(CIP)数据

合资企业管理控制系统的研究:基于汽车行业的多案例分析/汤谷良著.—北京:北京大学出版社,2011.12
(会计学论丛)
ISBN 978-7-301-20436-8

Ⅰ.①合… Ⅱ.①汤… Ⅲ.①汽车工业-合资企业-工业企业管理-案例-分析 Ⅳ.①F407.471.6

中国版本图书馆 CIP 数据核字(2012)第 055778 号

书　　　名:合资企业管理控制系统的研究——基于汽车行业的多案例分析
著作责任者:汤谷良　著
策 划 编 辑:李　娟
责 任 编 辑:马　霄
标 准 书 号:ISBN 978-7-301-20436-8/F·3130
出 版 发 行:北京大学出版社
地　　　址:北京市海淀区成府路 205 号　100871
网　　　址:http://www.pup.cn
电　　　话:邮购部 62752015　发行部 62750672　编辑部 62752926
出版部 62754962
电 子 邮 箱:em@pup.cn
印　刷　者:三河市博文印刷厂
经　销　者:新华书店
730 毫米×1020 毫米　16 开本　12.25 印张　213 千字
2011 年 12 月第 1 版　2011 年 12 月第 1 次印刷
印　　　数:0001—4000 册
定　　　价:35.00 元

前　言

2007年我获得了国家自然科学基金资助项目“中外合资企业管理控制的比较案例研究(编号:70772022)”,这是我本人第一次获得“自然科学基金”项目,以此为基础,我和我的课题团队,以及我的一部分研究生,按计划开始了本课题相关问题的研究,这个课题已于今年上半年结项,标志着本课题主体研究工作基本结束。

回顾近四年的课题研究历程,我和我的团队至少有三大收获:① 我们走访了一批合资汽车公司,一些公司还是多次走访,如两次访问日本丰田公司。通过实地调研,我们以合资汽车企业为切入点,系统了解了中国改革开放的曲折历程;基本掌握了中国汽车竞争格局、政策要点与国际化态势;尤其是合资企业内部合资股东双方博弈、经营管理团队、管理机制及其影响因素、跨文化交流、个人信任与组织学习等丰富的第一手资料,更是给人深刻印象。我和我的课题团队要特别感谢这些合资汽车公司给予我们的大力协助和热情接待,也要感谢为我们牵线搭桥的各位朋友。② 我们阅读、收集了大量关于管理控制系统、合资企业治理与控制的中外学术文献和案例,这些资料使得我们对中外管理控制系统和合资企业治理的研究脉络、理论基础、研究范式、研究主张、观点纷争、学术贡献、流派变换等有了一定程度的把握,我们发表的几篇文献综述类的文章就是证明,这些文章不仅直接成为本课题的理论基础,同时还将影响到我们未来的学术研究。③ 现有的成果是在《管理世界》和《会计研究》等杂志上发表的一系列成果,不是拘泥于传统管理会计系统,而是立足于当今管理控制系统的最新理论,尤其是整合了“文化”、“信任”、“交互控制”等交叉性话题,拓展了合资企业管理控制系统的研究视角。

本书集中了我们这一课题的主要研究成果,包括文献和案例文章两大部分。

在文献部分又包括两项内容:一是比较宽泛的两篇文章,一篇是《中外合资企业管理控制理论研究述评》,文中涉及我们收集的SSCI期刊中的约40多篇和我国CSSCI期刊中的30多篇关于中外合资企业管理控制的经典文章,采用文献分析法，首先简要分析合资企业管理控制的基本理论问题，而后分别分析国内外文献中中国学者和西方学者对中外合资企业管理控制的研究重点、基础理论维度和研究成果，最后简要提出启示和未来研究要点。另外一篇是《合资企业管理控制研究述评——经济交易观 VS 社会交易观》，这篇文献综述收集了近十年来 SSCI 期刊中大约 40 多篇关于合资企业管理控制的文章，详细阐述了这两个不同视角的理论内涵和研究主张，进而总结和归纳了相关文献的研究成果和局限性，并在对比分析的基础上提出未来合资企业管理控制研究的可能整合思路及启示。二是 2011 年发表在《财会通讯》上的“西方管理会计研究成果评述系列”，基本内容分六个专题，包括“信任”、“组织学习”、“文化”、“政治关联”、“社会网络”、“供应链管理”，向中国会计学术和实务界总结和评述西方理论研究在过去十年（2000—2009 年）间的成果、贡献与启示。这些文献从不同视角系统分析了西方权威学术杂志对管理控制系统研究的最新成果。

本课题的主体成果是我们先后发表的多篇案例研究文章。

1. 发表在 2009 年《管理世界》增刊上的《母公司文化控制力：中外合资企业文化陈述的差异与融合——基于中外合资汽车公司的多案例比较》，这篇文章是我们在相关文献述评的基础上，搜集、整理了 9 家中方汽车集团公司、14 家外方汽车集团公司、28 家合资汽车企业各自的企业文化陈述，然后采用分类统计、比较“关键词”的方式，从母公司控制力的视角，重点探讨分析了中外合资公司的文化陈述受中外各方母公司文化陈述的影响程度，以判别中外母公司对合资企业的文化控制力的差异及其具体表现。基本结论是不同母公司的文化控制力差异巨大，尤其是中方母公司的控制力普遍低于其在合资企业的股权比例，但是大部分合资企业的文化建构都处于融合中外母公司文化的区域，跨文化整合的现实十分明显。

2. 发表在 2010 年《会计研究》的《交互预算：应对战略不确定性、契合管理控制的新机制 ——基于天津一汽丰田公司的案例研究》，基于 Simons 的管理控制框架，首先在理论上梳理交互预算的控制特征、重构了交互预算与其他管理控制方式间的协同关系，通过对天津一汽丰田公司预算控制的案例描述与理论分析，阐明了有别于传统的诊断预算控制，交互预算既能克服现行预算方式的制度弊端，又能成为适应不确定性环境下的战略管理工具，还是促进企业上下级对话沟通、组织学习和管理创新的机制；另外，研究表明，交互预算控制也是融合、协同管理控制系统中的信念控制、边界控制等其他控制方式的制度安排。

3. 发表在2011年第2期《管理会计学刊》的《管理控制实践和相对议价能力的动态关系》，这篇文章探讨了跨国公司母公司对国际合资企业采用的管理控制特征及母公司的相对议价能力重塑这些控制的方式。文章深入分析了一个中日合资汽车企业的案例，研究重点不仅包括案例企业采取了哪些管理控制，还包括这些管理控制是如何在案例企业中得到实践的。文中所提出的对管理控制多个维度间相互关系的系统性研究，不但对管理控制和国际合资企业的现有理论作出了贡献，还由此确立了一个共享与分程并行的控制风格。此外，文章还提供了对管理控制随着相对议价能力的动态变化而发生革命性变革的首次观察，以及相对议价能力的行使对母公司之间控制程度的调和方式。

4. 文章《企业价值链管理结构性驱动分析：一个合资汽车企业的多案例研究》是穆林娟根据其博士论文的一部分章节整理而成的。这篇文章对大众汽车、通用汽车和丰田企业在中国的二十几年的时间序列数据和截面数据进行分析和研究，讨论了跨国公司如何在中国进行价值链管理和布局：大众汽车基本是由整车向服务和零部件拓展，从价值链的中间开始逐步向两端展开；通用汽车是整个价值链投资，整车连同它的技术和零部件一起在中国同步价值链布局；丰田汽车是按照客户/市场培育——零部件——整车生产——其他服务的路径开展业务。价值链布局的差异是与企业价值链管理结构性驱动因素紧密相关的，企业的战略整合、技术溢出效应、地理位置、价值链利润导向等因素的差别致使各跨国企业的合资与价值链布局之路不尽相同。

5. 发表于2011年第10期《管理世界》的《控制中的信任与信任中的控制——基于五个中外合资汽车制造公司的案例研究》，文章的研究重点是探索合资企业的信任的多元化内涵以及其与控制的关系。什么是信任？信任的主体包括哪些？什么因素促进合资企业中信任的发展？信任如何影响合资企业中所采用的控制体系？不同的控制体系又是如何影响信任的发展？文章就这些方面提出了一个全新的综合理论框架。探讨合资企业中信任、控制以及发展控制的机制之间的相互关系。文中提出：合资企业的信任是多角度、多层次的，包括合资企业投资双方股东之间的信任、投资双方委派的高管之间的个人信任、中层管理人员以及员工之间的信任、投资双方企业以及所委派的高管之间的信任，以及投资双方的高管对于对方雇用的中层管理人员和普通员工的信任。这些信任之间存在着微妙复杂的关系:合资双方多元的信任在一定因素的影响促进下可以得到较大的发展,从而降低股东双方对正式控制的依赖,增加社会控制在合资企业中的应用。这篇文章通过对上海大众、广州本田、一汽丰田、华晨宝马和北京现代五个中外汽车合资企业的实证分析,对所提出的新颖的理论框架进行了全面充分的论证,其研究对提高合资企业的管理控制水平、更新控制方式、提高合资企业绩效的实践有较大启示,也对合资企业,包括一般企业的管理控制系统的理论研究视角提出了创新建议。

本课题高质量的完成,体现了课题组全体成员——高晨、李萍利、穆林娟、夏逸斐等,包括后续参与本课题的日本大阪市立大学 Hiroshi Okano 教授和伦敦政治经济学院 LSE 博士、现任对外经贸大学商学院戴天婧老师——卓有成效的合作与努力。在这次课题研究中结识了这样一些在学术上心心相印的研究伙伴,心中实感荣幸。

回顾这几年的研究经历,我特别感谢国家自然科学基金委的立项支持。我们将把结项和本书的整理出版作为新的起点,持续开展本课题相关议题的研究,为管理控制系统的理论与实践作出更大贡献。

学者总是以学术研究为生,以学术贡献为荣!

汤谷良

2011 年国庆假期于飞往美国的班机上

目录

第一部分

文献研究

Accounting

1 中外合资企业管理控制理论研究述评

在概念上管理控制(MC)既不同于特别关注会计信息的内部控制(IC),也有别于重点关注资本市场的公司财务管理(FM)。管理控制也经常与管理会计(MA)、管理会计系统(MAS)、管理控制系统(MCS)和组织控制(OC)等概念交叉使用(Robert H. Chenhal,2003),在内容上主要包括了战略规划、治理机制、控制方式与工具、预算、责任中心、成本控制、业绩评价与激励、文化渗透等。作为西方会计研究和组织管理研究的重要领域之一,管理控制的研究成果一直十分显赫。

相对于普通企业而言,合资企业(IJVs)尤其是对于新型市场国家的合资企业,合资各方利益目标的差异、传统文化与外方的冲突、本国自身又缺乏成熟规范的制度系统等使其管理控制的难题十分突出,各种问题都极具挑战性,其中又以中外合资企业的控制在特殊的制度背景下更为独特和复杂(Child & Tse;2001;Hamel,1991)。近年来中外合资企业的控制问题引发了国内外学者的研究兴趣和持续关注,他们大都从中外母公司角度,包括复杂外部环境对中外合资企业的控制模式、影响控制模式的主要因素以及控制对合资企业业绩的影响等问题进行了深入的探讨。

下文首先简要分析一下合资企业管理控制的基本概念和基础理论,而后通过国外、国内文献分别分析西方学者和中国学者对中外合资企业管理控制的研究成果与发现,最后简要提出启示与研究展望。

1.1 合资企业的管理控制与绩效

关于"管理控制"到目前为止尚未有统一的界定,但各类的相关文献都一致认识到:首先,管理控制是管理者为了确保组织绩效而采取的一些行动;其次,管理者是运用所谓的控制机制来实施控制。同样,学者们对 IJVs 的管理控制也是各不相同,尽管表述不尽相同,但可以提炼为较一致的观点,即合资企业的控制问题主要是从股东方的角度来研究各方股东如何独立而又合作地对合资企业实施控制,以保证投入资源的有效利用和战略目标的如期实现。合资企业的管理控制内涵超越了一般意义上的管理控制,更加关注公司治理和战略层面的问题。

Geringer & Hebert(1989)认为应该从以下三个维度来全面分析合资企业控制模式,这三个维度是:① 母公司所运用的控制机制。这是指母公司实施控制所运用的具体方法,诸如母公司股权占有份额、投票权、外派人员、决策权的分配、向母公司的报告制度以及对合资企业管理层的激励制度等。② 母公司控制的程度。根据母公司对合资企业的控制程度可分为三类,即由某一母公司绝对控制的合资企业(单方控制)、由各母公司(出资方)共同控制的合资企业(共同控制)、相对独立的合资企业(所有的母公司都与其保持一定的距离,合资企业的管理层拥有较大的自主权)。③ 母公司的控制重点,即母公司的控制可以集中于特定活动或结果,也可以集中于组织文化或关系等。Child and Yan(1999)根据母公司的控制重点将控制模式分为战略控制和经营控制,战略控制是指对组织的整体战略行动进行的控制,包括对组织战略目标、重大资本支出、高管人员的任命等事项的控制,而经营控制则是对组织经营流程的控制,主要关注生产、采购、分销以及质量等环节的问题。Geringer and Hebert(1989)指出上述三个维度不是互斥的,相反,它们之间相互补充和联系,应该将三个维度整合在一起来研究合资企业的控制模式。但迄今为止,大多数文献都只采取上述研究维度的其中之一来进行研究,其中应用最多的是第一个维度,即从控制机制的维度来分析和总结合资企业的控制模式(如 Dekker,2004;Groot and Merchant,2000;Mjoen and Tallman,1997;Chalos and Connor,2004 等),此类文献大都基于 Merchant(1985)和 Merchant and Van der Stede(2007)的控制框架将控制模式分为行为控制、结果控制和文化/人员控制,并深入分析了不同模式所包含的不同控制机制。Kamminga and Meer-Kooistra(2007)的研究则更近了一步,他们全面综合地将控制的三个维度与合资企业的交易特征和关系特征相对应,进而建立了三种不同的控制模式,包括内容控制模式(content-based control pattern)、协商控制模式(consultation-based control pattern)、环境控制模式(context-based control pattern)。

管理控制是手段或者说是工具,提高中外合资企业的绩效才是目的。合资企业的业绩一直是学者们关注的与控制相关的问题。在研究合资企业的绩效问题时,就如何度量合资企业的绩效以及如何评价一个合资企业的成功也存在很大的分歧(Dymsza,1988; Yan and Gray,1995)。比如,有的研究将合资企业绩效定义为合资企业的生存、寿命、稳定性;有的研究将其定义为母公司的战略目标实现程度;还有的研究将绩效定义为合资企业财务目标的实现程度、管理满意度等。总的来说,同合资企业的控制含义一样,合资企业的业绩也应该包含两个层面的内涵,一个是对母公司而言的业绩,通常用母公司战略目标的实现程度来衡量;另一个则是合资企业自身的经营业绩,通常用财务指标和相关运营指标来衡量。

1.2 西方文献对中外合资企业管理控制的研究归纳与述评

从合资企业的分布来看,合资企业主要是西方发达国家跨国公司在新型市场、转型经济国家与当地政府、企业联合投资形成的经济联盟体,所以合资企业是经济全球化、一体化的产物和重要载体。就像中国是转型经济的成功代表,同时已经成为全球聚焦的重心一样,对中外合资企业管理控制的研究也已经是西方学者研究合资企业的重点。20 世纪 90 年代初期到 2007 年的 SSCI 期刊收集了关于合资企业管理控制问题的约一百篇经典文章(不包括相关的学术著作),其中我们可获得的约四十余篇(差不多一半文献)。下面分三个大方面归纳与总结这些文献。

1.2.1 中外合资企业管理控制研究的基础理论

人们从不同的理论视角与基础研究了合资企业的管理控制。Child and Faulkner(2005)认为可以从经济学和管理组织学这两个方面来归纳 IJVs 管理控制的基础理论。从经济学维度分析,合资企业管理控制的理论主要是基于市场权力(market power)理论、交易成本(TCE)理论、代理理论、资源依赖(resource dependence)、交易价值(transaction value)理论、实物期权理论和增加回报理论;从管理和组织学维度分析,包括战略管理理论、博弈论、社会网络(social network)理论、组织理论等基本理论。下文主要对中外合资企业管理控制研究中所采用的主要理论做一简要回顾。

1. 交易费用理论

该理论一直是中外合资管理控制的主要理论基础。交易费用理论的核心在于解释作为一个各方为了各自目标、提供互补资源形成的组织,控制模式或机制选择的依据是什么。它不仅可以分析为什么要建立中外合资企业,也可以分析母公司如何控制合资企业,还可以分析合资企业内部如何架构管理控制系统。根据交易费用理论,资产的专用性和交易的不确定性是决定母公司对合资企业控制的主要因素,多数文献主要检验了其对股权控制的影响, Chalos and O'Connor(2004) 通过对中美合资企业的实地调查,重点检验了合资双方对知识的分享和保护以及专有资产的投入对合资企业控制机制选择的影响。

2. 资源依赖理论

该理论认为母公司对合资企业实施的控制部分取决于他们提供关键资源的能力,随着合资一方对另一方资源依赖程度的逐渐变化,合资企业的控制结构也会随之变化。Yan and Gray(1994)研究发现东道国(文中指中国)政府政策的变化会改变合资企业的资源依赖模式和合资双方的谈判实力,进而改变合资企业的控制结构。Ricky Y. K. Chan(2005)的文章中,合资企业的运营实践了自然资源依赖理论(the natural-resource-based view of the firm, NRVF),并指出这一理论同样适用于其他快速转型经济国家。

3. 合作关系视角

Van der Meer-Kooistra and Vosselman (2000)认为除了资产特征之外,合资双方的合作关系特征也是影响控制的重要因素。已有的文献主要讨论了主要的四个关系特征,包括母公司的差异、信息不对称性、信任和相对谈判实力。Yan and Gray (1994)关于谈判实力这一概念的研究是迄今为止最具系统性的(Inkpen and Beamish,1999),他们认为出资方的相对谈判实力是合资企业控制的主要决定因素,随后结合资源依赖理论(resource dependence theory)将谈判实力进一步分为以联系能力为基础的要素和以资源为基础的要素,这两种谈判实力分别来自于合资企业和母公司间的资源关系、母公司可选择的伙伴数量、各方向合资企业提供的战略资源、东道国政策约束等。Yan and Gray(1994,2001)对中美合资企业的研究对谈判实力、控制模式及业绩之间的关系进行了检验,证实了中外双方的谈判实力决定了其控制模式的特征。

4. 组织学习理论

组织学习理论主要揭示合资各方通过资源互补,能够学习到自己所需的知识,同时保护自身专有知识不被竞争者获取;该理论用来动态地解释随着时间的推移合资企业的控制系统是如何变化的,以及主要的影响因素是什么。Zhang and Li(2001)追踪研究了8个中外合资企业,发现随着时间的推移,合资企业的控制模式经历了从共同控制模式、以某一母公司为主导控制模式到拥有更多自主权的独立控制模式的演变,而控制结构的变化主要是组织内部的学习、相对资源提供的变化以及相对谈判实力的变化所引发的。Jacky F. Hong, Robin Stanley Snell and Mark Easterby-Smith (2006)的文章从社会构筑维度和社会学习理论考察跨国公司对组织学习的影响,社会学习理论表明有建设性契约和成员间团队是基于组织的团队学习能力的关键要素。

5. 社会网络理论

这种理论研究合资企业各参与方的互动联结、复杂关系与结构,如知识的产生、转移与整合。与其他理论比较,网络理论强调管理控制系统的过程导向和相对动态性,强调通过社会网络关系谋求控制的灵活性与效率,有别于基于股权大小的方法对科层关系的依赖。Andersson, et al. (2005)的文章强调总部不同的控制机制决定了合资子公司在当地的嵌入程度,并且子公司在当地的嵌入程度成为其知识创新的重要前提。在芬兰和中国的MNC子公司的数据库测试,结果表明MNC总部的确能影响附属公司的社会网络的嵌入程度,并提高附属公司的知识创新。Xiaoyun Wang and Dilek Zamantili Nayir(2006)针对欧洲移居国外者,分别对两组在中国的和在土耳其的欧洲移居者进行调查,探索社会网络的(个人网络和支持)异同以及关于两组样本人群的心理差异及其影响。研究发现无论是个人还是企业在中国的"社会网络"明显宽泛于在土耳其的"社会网络"。

上述基础理论为人们提供了观察和研究中外合资企业管理控制的丰富而多样的视角,但同时也带来了问题。由于多数文献只局限于某一理论范畴,根据该理论推导出独特的研究变量并进行验证,研究成果虽然较为丰富,但因缺乏可比性而无法得到一些一致性的基本结论。主要原因之一就是各个理论之间没有建立起有机联系,没有回答不同的理论解释究竟是互斥的,还是互补的。如果互斥,那么哪一个理论提供的解释最有说服力?如果互补,那么应该如何对这些理论所隐含的因素进行整合,从而给这一问题提供一个全面、系统的解释?

1.2.2 中外合资企业管理控制的主要研究议题

1. 中外股东的谈判能力、信任与合作议题

合资合作能力研究有两种方法视角:一种是基于所有权视角,强调对合资企业采用支配型控股比例和治理结构,这是一种正式的、固化的控制视角。谈判能力(bargaining power)就是基于这个视角的研究。另一种是信任的视角,合资双方都特别关注合资企业是一个自愿合作的组织,其中信任、互惠、宽容为核心的关系是合资成功的重要行为与心理变量,并最终主导合资企业的稳定性和绩效,这是一种相对过程化、灵活的控制视角。基于这个视角进行的关键词是信任(trust)和合作(cooperation)。

所有权控制是在IJV的管理控制系统的设计中的决定性要素。这项研究认为在多数所有权和强大控制之间还存在差异,这是由于双方在合资前和合资经营过程中存在讨价还价的能力。最早专门讨论中外合资企业的谈判能力与业绩关系的是Yan and Gray(1994),他们同时关注了影响因素对控制动态、静态两个层面的影响。Ji-Ren Lee, Wei-Ru Chen and Charng Kao (1998)基于对中国700多家中外合资企业的调查数据,通过经验分析的结论说明平衡关系股权与控制能力之间的关系并非常态,外国合伙人将很可能接受股权上的让步但是也要获得对合资企业的强势控制地位,特别是在IJV的上游阶段主要依赖外方股东投入时。当然,为了达到合作的目标,外资股东在合资谈判中会采用一种灵活的心态。Yan, A. & Gray, B. (2001)又以"谈判控制"(negotiating control)为题提出了一个新的概念模型(a conceptual model)。Xinping Shi and Philip C. Wright (2003)提示在合资谈判中同时要求外方尊重中国文化与习惯,中外双方都要顾及民族感情、忍耐性和坚韧性。

应该说20世纪90年代的中外合资研究文献主要涉及谈判能力、冲突、合资伙伴选择、控制机制等问题,21世纪以来"信任"问题已经引起了学者们的高度关注。Child and Faulkner(2005)强调中外合资各方从竞争关系到合作关系的转变,战略上IJV从竞争战略到合作(cooperative)战略的变化。Karen Yuan Wang and Liz Fulop (2007)就专门讨论了中外合资的管理信任(managerial trust)议题,当然该文重点是企业管理者与下属的信任问题,在合资企业内部人力资源管理(HRM)在建立上下信任关系方面十分重要;在中外合资企业,集中化(centralization)、形式化(formalization)和小组导向(group orientation)的公司价值观氛围与

内部信任的构建密切关联。

2. 中外合资企业设立动机、学习能力和知识转移

一般认为开办合资企业(IJV)有知识获得、交易成本节约和战略定位三大类动机,中方股东主要偏向知识获取动机,外方股东偏向交易成本节约和战略定位动机。"知识获取"、"知识转换"、"学习能力"、"知识创造"等一直是西方文献标题中的重要"关键词"。Steven X. Sia and Garry D. Bruton(2005)通过对知识获得、交易成本节约和战略定位三个动机变量,以及目标相似性、目标互补性和关系三个调节变量进行研究,发现这三个动机变量和三个调节变量都包括其中,并且都会影响在中国的中美合资企业的业绩。Yue Wang and Stephen Nicholas (2005)撰文指出,在大陆的香港合资公司部分传承香港母公司的知识,这种合资公司的能力依赖于当地大陆经理人的学习潜质与学习能力,同时香港母公司也从内地环境中学会了如何管理和运营合资企业。

3. 合资股东身份与合资企业的控制

文献研究表明,不仅中方、外方股东对合资企业管理控制的偏好有别,而且外方股东的国别不同也会导致差异化的管理控制。Yan and Gray(1994)认为中外各合资方在合资战略目标方面存在显著差异,外方股东特别关注市场扩张及财务上收益,相反中方特别关注学习西方先进技术,但是为实现各自目标都特别关注对合资的管理控制。Yadong Luo, Oded Shenkar and Mee-Kau Nyaw(2001)通过比较外资和内资股东的控制差异,发现交易费用理论更适合外资股东。总体控制和专项控制都有利于改善外方股东的业绩,比较而言,只有专项控制对中方股东有利。在目标出现分歧时,中方股东控制会适当妥协,以改善外方股东的满意度,改进合资企业绩效。Roger Calantone and Yushan Sam Zhao(2001)把控制的动机分为改善效率、提高竞争力和知识学习。运用调查分析,比较了日本、韩国、美国等国家的公司在中国设立的合资企业管理控制的异同。研究认为,对合资企业的控制越强,对外方股东越有利,这个结论没有国别差异。但是控制能力受制于合资外方的战略意图和对当地文化、市场的熟悉程度。致力于提高竞争力的外资股东应该利用其技能、技术优势在对合资企业的研发、生产和管理上实施强有力的控制,而且这些结论对于西方发达国家合资企业(如美国、日本)更有效,而对于韩国的公司有效性就偏低。

4. 母公司控制差异与绩效

首先,母公司控制程度对业绩的影响。Ding(1997)在对 34 家中美合资企业的调研中,发现外国伙伴的单方管理控制对所感知的合资企业绩效有正面影响,HuandChen(1996)发现中国母公司的控制对中外合资企业的影响并不显著。Yan and Gray(1994)为中外合资企业中控制和合资企业绩效之间的关系提供了另一种观点,他们的案例分析证明,一个母公司单方的控制只能促进实施控制的母公司的目标的实现,而平衡的控制将会对各参与方都产生较高的满意度。Shan(1991)认为美国母公司在中国的合资企业中偏好采用少数股权,因为这有利于将当地伙伴的利益和合资企业的利益统一起来,在中国,政治和法律形势具有不确定性,因此,单方控制并不一定是合资企业运营产生令人满意的结果的最好途径。

其次,母公司控制重点对业绩的影响。Luo et al. (2001)将业绩界定为出资方对合资企业业绩的满意度,采用了一些主观评价指标来衡量,根据控制重点,Luo et al. (2001)将控制分为整体控制(overall control)和局部控制(specific control)。通过对中外合资企业的大样本问卷调查,研究结果表明无论对于中方还是外方,局部控制都与业绩正相关;而整体控制与业绩的关系对外方母公司而言是重要和相关的,对中方则没有太多影响,研究认为,相对而言,中方更看重对外方合作伙伴的技术和经验的学习,而不是对合资企业整体经营活动的控制。中间变量对控制与业绩关系的影响对于中方和外方也大不相同,当股权比例提高和文化差距缩短时,对于外方,二者的关系则更为显著。Yan and Gray (2001)在对 90 家中美合资企业的研究中发现,母公司实施经营控制的水平与该母公司战略目标的实现程度正相关,同时还发现合作方之间的合作关系与战略目标的实现正相关,但没有发现母公司战略控制水平与目标实现之间的相关性。Child and Yan(2003)则重点研究了中外合资企业的业绩及公司层面的主要影响,他们将业绩分为出资方目标业绩(goal performance)和合资企业业绩(system performance),通过对 67 家中外合资企业的调查研究发现,外方的跨国经营和以往的合资经验、外方为合资企业投入资源(如资本、设备及经营管理等)的质量和对合资企业的控制是决定业绩的关键变量,相对于目标业绩,这些决定性因素与合资企业业绩更相关。

最后,母公司控制机制对业绩的影响。也有文献从母公司所运用的控制机制的角度检验了母公司控制与中外合资企业业绩的关系。Chalos and Connor (2005)将母公司控制机制分为合同控制机制和管理控制机制,他们对200多家中美合资企业的问卷调查发现,合同控制机制和管理控制机制都能够降低合资企业的交易成本并且与合资企业的财务绩效正相关。

5. 文化差异与跨文化(cross-cultural)议题

从文化角度研究合资企业管理控制的设计与效果,有两个选择基础:一是以母公司文化为基础;二是以合资企业所在地的文化为基础。究竟是母公司文化还是当地文化对合资企业的影响更大呢?从现有文献结论分析,可能是母公司文化更占主导。比如,Garg and Ma(2005)选择了中国江苏的外商独资、中外合资和国有企业为对象,研究这三类企业是否有文化差异和业绩差异,结论是三类企业的文化价值观有显著差异,而且外商独资企业的业绩要显著好于其他两类企业的业绩。当然 Benjamin Tan(2002)认为国家环境极大地影响到合资企业的管理价值观,他比较了在美国、新加坡和中国本土工作的经理人的区别。西方的价值观主要包括权谋术、教条主义、控制轨迹、不容忍模棱两可;东方的价值观包括整合观念、儒家理论、人本精神、道德律等。他研究发现在产业化进程中,两种价值观存在趋同,而且中国经理人交互接受着西方价值观的影响。Jiatao Li, Katherine R. Xin, Anne Tsui and Donald C. Hambrick(1999)分析中外合资企业领导团队,鉴明了改进他们领导力的途径,他们的分析基于关于企业高管团队、跨文化行为的文献,通过深度访谈研究发现决定 IJV 领导力的五种关键要素:组成、程序、结构、激励和经理人个人行为,这些要素对 IJV 的成功至关重要。Jacky F. Hong, Robin Stanley Snell and Mark Easterby-Smith (2006)对位于珠江三角洲的五家日本制造公司在跨文化对组织学习方面的影响开展了定性研究,研究发现经理人察觉到在一线的中国工人与一线的日本工人相比,较缺乏契约和团队意识,由此限制了组织学习。这些差别归于深耕的文化价值观的不同。日本和中国的被调查者相信民族文化形成或者限制本地雇员增强契约和团队意识。研究表明跨文化问题会削弱组织的学习能力。

6. 合资企业控制的复杂性

作为转型经济国家,中国对于外国投资者而言,具有复杂的商业环境,如市场化发育程度的差异(Boisot and Child,1996)、明显的地区差异(Child and Stewart,1997)、不同年代的人们价值观的分歧(Ralston et al.,1995)、复杂的政府机构(Child and Tse,2001)。由于国家环境包括自然资源环境的复杂性,Ricky Y. K. Chan(2005)指出中外合资企业在运营实践中必须采用与当地环境相适应的战略,谋求公司社会生态的可持续发展以消除多变环境和商业模式的不利影响。Robert Demir and Sten S. derman(2007)的研究表明在转型经济国家尤其是中国,合资企业的经营过程是跨企业边界并具有连续性的过程,而且是非线性的知识积累过程。由于对经验的传承、知识资源获取、控制活动把握等背景,合资企业的控制呈现复杂性,以前的"线性"合资经验积累假设或概念会对中国或类似经济体产生误解。他们建议采用"共同演进"(co-evolution)概念(Eisenhardt and Galunic,2000)来描述在合资合作中双方知识分化融合的持续变化。

1.2.3 几位突出的作者及其成果分析

从专注于中外合资企业的管理控制的英文研究文献作者来分析,从 20 世纪 90 年代初期到 2007 年的一些作者的研究颇具开创性、持续性和学术影响力。特别是其中七位学者,尤其是两两合作的三组六位学者的文献几乎占了我们拥有的文献的一半。

1. 波士顿大学 Aimin Yan 和宾夕法尼亚大学 Barbara Gray

在分析西方文献时,我们最具学术价值的文献当属这两位学者合著的《中美合资企业的谈判能力、管理控制与绩效:比较案例研究》(1994)。这篇文章通过四家中美合资制造企业谈判能力与控制关系的定性研究,得出主要结论:① 在合资谈判期间的合资双方的谈判能力会决定合资企业管理控制的结构。② 中外各合资方在合资战略目标方面存在显著差异。③ 在合资企业中股权比例的大小与对合资企业的战略控制力很相关,但股权比例与经营控制力相关性较低;非财务资本资源提供的比例越高,对合资企业的控制越强。④ 他们的案例分析为证明中外合资企业中的控制和合资企业绩效之间的关系提供了另一种观点,母公司单方的控制将仅仅促进实施控制的母公司的目标的实现,而平衡的控制将会对各参与方都产生较高的满意度。我们之所以高度评价这篇文章,不仅因为他们是最早专门研究中外合资企业管理控制的西方学者,而且这篇文章既引导了其他西方学者对中外合资企业管理控制的研究,成为这类文章中被引用率最高的文献,也成为这两位作者自身持续研究该问题并取得杰出成果的开端。

Yan and Gray(2001)又发表了《国际合资企业母公司控制的原因与效果》一

文，通过对90个中美合资制造企业的问卷调查，检验了影响出资方(母公司)对合资企业实施控制的主要因素及母公司控制对合资企业业绩的影响。研究结果表明，在中外合资企业中，合资双方是一种既竞争又合作的动态关系，由谈判处境和关键资源的贡献所决定的相对谈判实力决定了合资双方对合资企业的控制，合资一方所实施的经营控制对其战略目标的实现有积极影响。研究发现，母公司实施经营控制的水平与该母公司战略目标的实现程度正相关，同时还发现合作方之间的合作关系与战略目标的实现正相关，但没有发现母公司战略控制水平与目标实现之间的相关性。

Yan and Gray 还有两篇高质量的研究 IJV 管理控制系统的文章(1998，2001)，尤其是《合资企业的谈判控制与绩效实现：一个概念化模式》(2001)一文，对管理控制的过去研究和未来方向提出了很有价值的主张，只是没有专门讨论中外合资企业，因此本文不深入分析。

2. 香港城市大学 Yanni Yan 和伯明翰大学 John Child

这两位学者一直致力于中外合资企业管理控制研究，并取得了丰硕的学术成果。他们近年来一共发表了五篇论文：① 1999 年发表的《在中国的中外合资企业的投资与控制》，这是他们合作的第一篇文章。根据资源依赖理论建立了资源提供、关键职位任命和控制之间的一般模型，将资源分为权益资源和非权益资源两大类，权益资源指现金、土地、建筑物和厂房等资本性资源，非权益资源指技术、管理经验、对东道国的了解、原材料供货渠道、产品营销与分销渠道等，他们认为权益资源决定关键职位的任免权，进而可以对合资公司实施战略控制，而非权益资源的提供影响着对公司的经营控制。他们对67家中外合资企业中的212名管理者进行了调查，依据资源—控制模型研究了合资双方在不同的资源结构(权益/资本资源 VS 非权益/资本资源)下对控制方式和内容的影响，研究结果表明出资额(权益/资本资源)的多少直接影响战略控制程度，同时也会通过对董事会成员和高管人员的任免间接地影响经营控制，非权益/资本资源的投入则对经营控制有直接影响，同时也对关键高管人员的任免有间接影响。② 2001 年发表的《国际化经营的本土与跨国效果：来自中美合资企业的启示》。③ 2002 年发表的《中英合资企业的战略决定、学习与决策制定的分析》。④ 2003 年发表的《合资企业的业绩预示：一项在中国的调查》。⑤ 2004 年发表的《投资者资源义务与信息报告系统：合资企业的控制》，这篇文章基于对20家中英合资企业的分析，提出母公司对所属的合资企业拥有资源义务；说明了信息回馈的结构如何成为有目的的控制机制，英国母公司有效率的合资企业信息反馈结构要求对技术条件与合资企业管理位置进行整合。

3. 伊利诺斯大学 Peter Chalos 和香港城市大学的 Neale G. O'Connor

这两位学者有三篇专论中外合资企业问题的文章。第一篇文章是《在中国成功合资企业管理的挑战：从合资失败得到的教训》（1999）。这也是唯一一篇专门探索中外合资企业管理失败的文献。文章指出在合资战略上真诚度的缺失和虚弱的管理控制是合资企业失败的主要原因。第二篇文章是《中美合资企业的各种控制机制的使用的决策因素》（2004）。这篇文章采用交易费用理论，通过对中美合资企业的实地调查，重点检验了合资双方对知识的分享和保护以及专有资产的投入对合资企业控制机制选择的影响，研究发现合资方对合资企业的知识和专有资产的投入决定着对合资企业不同控制机制（外派管理人员、制度化、下放决策权、向母公司的报告制度、激励等）的运用。而他们在《基于中美合资企业交易费用与业绩的会计控制的感知效果》（2005）中，把中美合资企业控制分为契约控制（包括权益控制、大比例董事治理和法律保护）和管理会计控制（包括决策权力、激励、沟通与财务计划）两类，研究结论是，无论是契约控制还是会计控制，对于减少股东方面的交易费用的效果都是“负面的”，但是对于提升合资企业绩效的效果是“正面的”。

4. 迈阿密大学的 Yadong Luo

除了上述六位学者，还有一位迈阿密大学的 Yadong Luo 对于中外合资企业管理控制系统的研究也很有建树，发表了不少文章。他有两篇文章分别讨论了两个和多个母公司合资企业的控制与绩效问题（2001，2007）。该学者发表这类文章很多，只是有时是单独发表，有时与他人合作发表，而且合作作者对象很多，不像上述三组六位作者比较固定。

1.3 中文文献对中外合资企业管理控制研究述评

我们发现在国内的研究文献中，更多的是研究跨国公司（MNC）如何控制在华子公司（毛温诗，2002；赵景华，2006），尽管 MNC 与 IVJ 的管理控制问题难以割裂，但是研究视角与重点有明显的差异。我们从 CSSCI 搜集到了聚焦中外合资企业管理控制的30多篇文章，其中研究中外合资公司控股权结构与争夺的有4篇，关于合资企业母公司控制与治理机制的有6篇，关于合资企业学习与知识的有4篇，专门探讨控制机制、模式与关键控制点的有5篇，关于合资企业业绩与稳定性的有4篇。

许垚、汪浩(2005)在合资企业知识控制理论分析的基础上，通过426家制造业中外合资企业的实证研究证明，跨国公司控制合资企业的关键是重点控制和计划控制中的六个方面：对合资企业产品的质量控制、副总以上的人员任用权、海外销售管理权、海外采购管理权、生产计划制订和销售目标制定。

周治平、钟华、李金林(2006)，通过跨国公司对我国汽车合资企业控制情况的分析发现：股权比例的安排并不等于实际控制权的分配，合资企业对合资双方相关资源依赖性的强弱决定了合资双方的实际控制权。跨国汽车公司借助技术垄断优势，通过双方合资时的约定或日后实际运作中的设计安排，以非股权约束的方式来实现对合资企业的实际控制。

徐全勇(2007)综合分析了引起合资企业不稳定性的几种因素的结论，即合资企业所在国的经济政治体制背景、合资企业成员资产的相互依存和竞争性、合资企业的文化冲突、合资企业的组织结构、合资企业的效益等。

林海棠、薛静、李浩在《中外合资企业的跨文化冲突研究》中以长安福特汽车公司为例，分析了公司跨文化冲突的六种表现形式：个人主义和集体主义、自我与无我、上下级关系、情理法、决策方式、尊自我与无我、上下级关系、情理法、决策方式、尊老与能力至上，并提出合资企业的文化整合过程可以分为探索期、碰撞期、整合期和创新期四个阶段。

总结相关中文文献，基本结论应该有：第一，在研究中所采用的基础理论十分宽泛，呈现多样化态势；第二，在研究的具体议题上与西方文献涉及的几个方面的议题差别不大，但是问题研究的持续性、继承性比较缺失；第三，研究的选题很有创意，并同时具有理论与实践价值，但是绝大部分文献在学术研究的规范性、理论分析的严谨性方面亟须改进；第四，“管理会计”专业性匮乏，西方学者对“中外合资企业管理控制”问题的研究成果大部分出自管理会计学者之手、聚焦管理控制系统中的会计问题，并发表在顶尖会计类专业学术杂志，这就是我们说的很具“会计专业性”，但是中文文献的“会计专业性”就很差，我们没有发现一篇关于本问题的学术文献是出自中国国内会计教授之手，并发表在CSSCI会计类(如《会计研究》)杂志上。从这一点分析,不能不说这是国内会计研究尤其是管理会计研究的重大缺陷和遗憾。

1.4 研究总结和展望

回顾、述评西方和我国关于中外合资企业管理控制方面学术文献的理论基础、研究内容、研究方法及其研究结论,我们清晰地感受到对这个问题研究的重要性、艰巨性和开放性。同时,下列问题还成为未来研究的主导方向:第一,Stephen Tallman(2001)认为一个合资联盟体的控制应该包括权力(power)、授权(authority)、知识技能(expertise)和报酬(rewards)这四个基本要素。显然,报酬(rewards)是至今所有中外合资企业管理控制文献中都缺失的研究课题。第二,合资公司管理控制研究多视角的理论基础和分析维度,各持己见甚至相互冲突的研究结论,尤其是复杂的实证分析是否对合资公司的管理实践包括政策制定者给予了有价值的理论贡献?应该说学习 Kamminga and Meer-Kooistra(2007)综合考虑交易费用理论、合作关系视角等多个理论视角,这样的整合研究应该成为今后中外合资企业控制的一个研究方向。第三,在一般企业管理控制系统(MCS)的研究中,战略规划与管理控制、价值链供应链与管理控制、内外资本市场与管理控制等问题的研究在当今管理控制领域十分火热。相比之下,中外合资企业的管理控制研究则没有发现相关的研究成果。第四,管理控制比较传统的工具(预算、成本控制)在上述文献中似乎只是轻描淡写。另外,近十年里十分红火的管理控制工具如平衡计分卡(BSC)、经济增加值(EVA)、作业成本制(ABC)、超越预算(BB)等是在中外合资企业没有采用,还是合资企业已经采用了但学者们没有关注研究?我们不得而知。

可以说,对于合资企业管理控制的研究,尤其是中国学者对中外合资企业管理控制的研究仍处于起步阶段。

2　两大理论视角的深入分析:经济交易观 VS 社会交易观

近年来虽然合资企业这一组织形式在全球范围内日渐普及,但是合资企业的绩效普遍低下(Child and Yan,2003;Chalos and O'Connor,2004),这似乎说明尽管从战略角度分析企业都有设立合资企业的良好愿望和理性动机,但实操上还是很难对 IJV 实施有效的管理。很多人认为控制不当或不力是合资企业普遍业绩不佳的主要根源(Groot and Merchant,2000),人们对合资企业管理控制系统的设计、管理控制机制的选择和运用一直存在诸多困惑。在此背景下,学术界对合资企业管理控制的研究也就越来越深入。

对合资企业管理控制问题研究的深入不仅体现为研究内容的广泛和细致,同时还表现为研究的理论基础越来越多元化[①],其中应用最为广泛的两个理论视角是基于经济学理论的经济交易观和基于社会学理论的社会交易观。本文主要收集了 SSCI 期刊中大约 40 多篇关于合资企业管理控制的文章,采用文献分析法,首先阐述这两个理论视角不同的理论主张及相关研究成果,然后在对比分析各自的研究优势和局限性的基础上提出未来合资企业管理控制研究的可能的整合思路及启示。

本文的写作动机是:① 系统地回顾和总结最近 20—30 年里,尤其是最近 10 年西方文献中关于合资企业管理控制理论研究所应用的基本理论与分析视角,厘清合资企业管理控制研究中隐含的理论导向。尽管之前也有学者进行了类似的总结与归纳(Child et al. ,2005; Lu and Hebert,2005),但都存在着文献不够全面、未能将新近研究成果囊括进来,或者是理论深度分析不够、对未来研究的导向不清晰等问题。② 透视跨国公司管理控制合资企业的方式、机制与效果,为

---

① 理论基础从最初的以交易成本理论为主导的经济学理论逐渐扩展到目前包含社会交易理论、社会网络理论、组织学习理论、战略管理理论等社会学理论,与此同时,经济学理论基础也在不断演进,从过去单一的交易成本理论发展到对代理理论、资源基础理论、市场权力理论的综合运用,进而形成合资企业管理控制研究多元化的理论基础。

改进中国学者研究管理控制“只见树木不见森林”的状况提供一个清晰的思路。合资企业管理控制的研究内容既有很强的“技术性”（诸如合资企业董事会的人数、决策流程、授权条款、预算控制方法、管理报告与沟通规则、业绩评价系统设计），也有很强的“理论性”，可以肯定理论视角的差异决定着管理控制“技术”研究的不同偏好和路径。我们发现无论是合资企业的管理控制还是非合资企业的管理控制问题，在我国国内的文献中，更多的是关注“技术”层面的问题，很少涉及“技术”层面所隐含的复杂的理论背景，或仅仅是轻描淡写。本文不仅总结了业已存在的理论视角，还概括性地提出整合性的理论框架，通过创新地构建更高层次、整合型理论框架，试图为所有企业包括合资和非合资公司的管理控制（如集团公司的管控）研究提供思路。③ 理论必须能够指导实践。本文的研究还期望对中国企业“走出去”组建合资企业及其管理控制系统提供理论向导。

2.1　合资企业管理控制研究中的主导视角——经济交易观

经济交易视角把设立和管理合资企业视为纯粹的经济交易。应该说，经济交易视角是合资企业管理控制理论的基石和方法论基础，管理控制的必要性源于市场不完全的假设。基于这一观念，合资企业管理控制的经济学理论主要包括交易成本（TCE）理论、代理理论、资源基础理论（resource-based theory）、市场权力（market power）理论、交易价值（transaction value）理论、实物期权理论和增加回报理论（Child et al.，2005），其中又以交易成本理论最为主导。

交易成本理论认为交易特征决定治理模式并最终实现交易成本最小化，即“交易特征——治理模式——经济效率”的分析框架。该理论以资产专用性、不确定性以及交易频率为三个基本交易特征。新制度经济学认为资产专用性是指“在不牺牲生产价值的条件下，资产可用于不同用途和由不同使用者利用，它与沉没成本概念相关”（Williamson，1981），资产专用性可以包括地理区位、人力资本、物资资产、特定契约服务和名牌商标等的专用性，这些情况都会导致交易费用的增加，资产越具有专用性，就越要付出更高的代价保护它。在对合资企业的研究中，人们主要基于资产特征所带来的防范成本（即防范对方机会主义行为而带来的签约成本）研究了资产特征与合资企业治理或控制之间的关系。研究认为:① 在不确定性适中、交易频率较高、资产专用性程度中等时,混合型治理即企业间合作治理(包括合资企业等形式)就会成为有效的治理结构(Williamson,1991)。② 交易特征所带来的防范成本决定了合资企业的控制模式选择,交易特征所带来的机会主义行为风险越高,母公司就越需要获得所有权优势,凭借其所有权安排及其特定的治理结构降低机会主义行为的风险以保护其投入的资源(Anderson and Gatignon,1986;Santoro and McGill,2005)。

基于经济交易观的研究文献主要从资产专用性和不确定性两个维度分析了资产特性对合资企业控制(只要是股权控制)的影响,根据研究的问题不同又可将此类文献分为两类,一类主要研究了合资企业母公司出资的不同状况与合资企业最优股权控制比例的关系,这类研究基本上支持了交易成本理论的观点,即资产的专用性及被挪用风险与出资者的高股权占比及控制之间存在着正相关关系(Delios and Henisz,2001;Chalos and O'Connor,2004;Lu and Hebert,2005)。另一类主要研究了合资企业股权控制比例与业绩之间的关系,但到目前为止,并未得到清晰一致的结论,学者们的发现包括两者之间的正相关关系(Delios and Beamish,2004)、负相关关系(Lu,2000)或没有什么显著的关系(Kogut,1988;Steensma and Lyles,2000)。另外,还有学者建议运用权变理论来研究两者的关系(Yan and Gray,1994)。也有学者发现在新兴市场国家的合资企业,股权控制对外方母公司的业绩满意度比对东道国母公司更重要(Luo et al.,2001)。Lu and Hebert(2005)提出了一个基于交易成本理论的权变分析框架,将上述两类文献研究的问题整合于一个框架之内,并利用日本在亚洲的 12 家合资企业 1985—1996 年的数据重点检验了资产专用性和环境的不确定性对母公司股权控制与合资企业绩效之间关系的调节作用,研究表明,高资产专用性和高母公司股权控制比例带来较高的合资企业存活率。

在经济交易观中,四种简单化假设一直隐含在合资企业管理控制系统的设计与改进中:① 每个跨国公司只能有一个中心,该中心就是母公司,控制方式是典型的科层制。合资企业管理控制的研究核心就是如何使决策机制制度化以及通过便捷、低"交易费用"的方式实现母公司意图。② 子公司(合资公司)的本质只是母公司战略的简单执行者和实施者,组织变化是线性的、单一的,管理控制强调自上而下的命令系统,子公司是一个单纯的利润中心。③ 同一跨国公司内部不同合资子公司的角色是相同的和对称的,也即母公司习惯于寻求统一的控制方式管理各个合资子公司。④ 特殊资产或知识集中于母公司创造与保留,强调母合优势(parenting advantage),在母合优势理念支配下的母子公司控制体系中,子公司被动接受母公司转移来的知识。

尽管交易成本理论得到了广泛的应用,但近年来也开始受到越来越多的批评。有人指出交易成本理论主要用于解释不同资产特性所决定的不同交易和控制类型选择(市场、层级制还是混合控制),但对合资企业内部的管理与控制,该理论的解释能力有限(Dekker,2004)。其局限性具体表现为:第一,该理论对人的假定是机会主义行为倾向(即人具有随机应变、投机取巧、为自己谋取更大利益倾向),防范机会主义是其核心,但实际上机会主义问题可能并不像指出的那样严重,因为在基于公司信誉的完善市场中可以降低机会主义行为。第二,与其关注的重点相关,交易成本理论强调基于正式契约、具有法律效力的控制机制,但契约通常是不完善的,该理论忽略了法律契约之外的其他组织控制、社会控制机制(Madhok,1995;Van der Meer-Kooistra and Vosselman,2001)。第三,该理论局限于合资交易的经济方面,过于强调单方面交易成本的最小化,而把其他因素看成是常量,几乎完全忽视了合资企业中资源共享的本质,忽略了包含交易双方关系的社会环境,在现实中,企业之间会通过重复交易建立起信任关系,这种信任关系对合资企业控制模式的选择具有重要意义(吴波、贾生华,2006)。第四,没有从"变化"的角度来考察交易成本理论形成和发展的原因,大多数文献采用的是静态分析方法,难以体现合资企业行为的动态特征,显然会降低该理论的解释力。

2.2 合资企业管理控制研究的新视角——社会交易观

基于交易成本的合资企业管理控制研究将合资视为纯粹的经济交易,其实事实绝非如此,因为合资企业是一个具有一定时间跨度的交易集合,合作成员之间存在和形成的社会关系是一个绝不可以忽略的因素。同时,从战略管理和价值创造的角度来看,最小化交易成本只是出资各方成立合资企业的初衷之一,合资企业的存在不完全是因为市场失灵,更多的是出于知识学习与转移,以谋求在不同国家市场运作的经验而开发新的能力。合资各方更大的愿望则是通过协调一致的价值创造活动来实现价值的最大化(Dyer and Singh,1998),因此降低交易成本只是合资企业管理控制的目的之一,实际上合资企业管理控制的第二个目的是协调合资方之间的合作行动和合作关系,降低协调成本。近年来一些学者从社会交易观出发,研究合资企业的控制问题,在弥补交易成本理论的不足方面取得了可观的研究成果。

从社会交易视角分析,包括基于信任的控制理论、社会网络(social network)理论、组织学习理论、战略管理理论等基本理论,该视角的核心主张是信任、信誉、隐形责任、学习能力等社会资本对组织间的合作关系具有重要影响,其中信任关系是合资企业社会性质最重要的体现,现实中合资企业所采用的控制方式,如关系契约和不完全契约是以信任为基础的(Kwon,2008),合资方之间的相互信任能够降低交易成本、引导合作行为以及有效解决冲突等(Gulati,1995;Ring and Van de Ven.,1992)。信任是指对合作伙伴有足够信心,以至尽管存在合作伙伴机会主义行为的风险,公司仍然向合资企业依据契约提供有价值的知识和其他资源。信任的存在与发展对于合资企业的控制有很大的影响,尤其是在不确定性较强以及合资方之间相互依赖性较强的环境中(Madhok,1995; Gulati and Singh,1997)。学者们最为深入的研究是针对合资方之间的信任程度对合资企业控制的影响。

可将基于社会交易观的合资企业管理控制研究分为三类:第一类探讨了信任形成的决定因素。研究认为信任是在一定风险下对另一合资方的依赖。合资企业的信任包括了结构性(公司层面)、社会性(公司、团体和个人层面)和心理性(个人层面)这三个不同角度;资源的可转移性、人力资源的特性及时间的长短都是影响信任程度的主要因素(Gilliland and Bello,2002)。第二类重点检验了信任等社会资本对合资企业控制或对绩效的影响,Yan and Gray (1994)发现合资方之间的相互信任程度影响对控制系统的选择,信任程度高带来对合资企业的"松控制"(loose control),并可能带来控制范围的缩小。Fryxell et al. (2002)通过对129家合资企业进行研究发现,企业的成立年限和母公司之间的信任度对控制机制与业绩之间的关系具有调节作用,当合资双方信任度较高时,社会控制机制与合资企业的业绩正相关。Demirbag and Mirza(2000)、Groot and Merchant (2000)等研究发现信任和隐性责任对合资企业的业绩及母公司的满意度都有显著影响。Ng et al. (2007)通过对中外合资企业的调查研究发现,信任对合资企业的财务及非财务业绩都有显著影响,在不确定的经营环境中、本地合资方的贡献尤为重要的情况下，其作用更为显著。第三类则是同时研究了社会资本的影响因素和经济后果，研究发现共同的价值观、双向的沟通交流、合资各方之间的配比程度、合资企业的风险及曾经的合作经历、合资方的战略、互补性、竞争程度等(Inkpen and Currall，1998；Kwon，2008)是合资方之间相互信任和相互具有责任感的主要决定因素，同时这些文献还发现合资方相互的信任和隐性责任提高了合资企业的效率和效果。

在控制机制方面，基于社会交易视角的研究十分关注关系契约、沟通机制、信息管理机制以及整合的冲突解决方法等具体的管理控制方式和合作机制(co-operative mechanism)，另外该视角对合资企业控制的研究强调了声誉、隐性责任、学习能力等内生变量对于控制方式的影响，因而能够更加有效地分析控制方式的演化问题，从而促成了对合资企业管理控制的动态研究，如 Ring and Van de Ven(1992) 指出，信任水平随着合作的深入而变化时，控制方式也会发生变化，突出表现为由古典契约向关系契约和心理契约的转化。又如，Gulati (1995)认为企业之间经过长期的互动会形成合作惯例，这种惯例可以降低双方行为的不确定性，从而可以作为一种制度安排来有效缓解机会主义行为的风险，并降低协调成本。还有学者认为合资方之间相互的学习会改变一方对另一方知识、资源的依赖，他们的相对谈判实力随之改变，进而使最初的控制结构发生变化(Inkpen and Beamish，1997)。Zhang and Li(2001)追踪研究了八个中外合资企业，发现随着时间的推移，合资企业的控制模式经历了从共同控制模式、以某一母公司为主导控制模式到拥有更多自主权的独立控制模式的演变，而控制结构的变化主要是组织内部的学习、相对资源提供的变化以及相对谈判实力的变化所引发的。

2.3 合资企业管理控制研究发展方向:两种视角整合方向

基于对合资企业及其控制目的的不同假定，经济交易观和社会交易观的研究分别分析了合资企业管理控制经济和社会两个不同层面的问题。两个理论的终极目标一致，即降低成本、提高决策的效率和灵活性，但是具体目标有异，经济交易观防范机会主义行为，降低交易成本；社会交易观强调协调合作行为和关系，降低协调成本。对于控制机制的研究，两个不同视角则各有侧重，经济交易观强调运用更加直接和具有法律效率的控制机制,而社会交易观则更强调合作中的、控制过程中的、非正式的机制。另外,经济交易观偏重于静态控制研究,社会交易观则偏重静态和动态的结合。

通过比较还可以看出,两种理论视角的不同体现出了合资企业控制多层面、复杂性的特征,实践中合资企业的母公司往往也是同时使用多种方式来实施控制,因此上述两种理论不是相互排斥,而是相互补充的,未来的研究需要在不同的理论之间建立起有机的联系,形成一个整合的理论框架,从而更加全面、深入地解释合资企业的管理控制问题。

实际上,近年来也有部分学者意识到整合研究的必要性,并进行了尝试性的研究,如 Madhok(1995),Van der Meer-Kooistra and Vosselman (2001),Dekker(2004)和 Kamminga and Van der Meer-Kooistra(2007)等,但这些研究各有侧重,缺乏全面性,基于上述理论分析和已有的研究成果,我们认为构建整合型的合资企业管理控制研究框架十分必要,也有一定的理论准备和研究基础。本文认为,整合思路可能对未来合资企业管理控制研究有以下三方面的启示。

(1) 控制动机的决定因素:资产特性与关系特性的整合。经济交易观强调的资产特性和社会交易观所强调的关系特性都对合资企业的控制有着不同程度的影响,整合的研究需要同时考虑这两大类因素的综合影响效果。Kamminga and Meer-Kooistra(2007)在这方面做了有益的尝试,他们将合资企业控制模式的影响因素分为两大类,即交易特征和关系特征,其中交易特征包括行为或产出的可衡量性、交易的不确定性和资产的专用性;关系特征包括母公司的差异、信息的不对称性、谈判实力和相互间的信任,同时将合资企业的控制模式分为内容控制模式(content-based control pattern)、协商控制模式(consultation-based control pattern)、情景控制模式(context-based control pattern),并认为不同的交易与关系特征组合决定了控制模式的选择。

(2) 控制的整合:控制机制(包括正规控制机制与非正规控制机制)、控制范围和控制程度的整合。有鉴于合资企业控制的复杂性,Geringer and Hebert(1989)提出母公司对合资企业的控制应该包括三个方面的问题,即控制范围、控制松紧程度和所运用的控制机制,但现有的文献中只有 Groot and Merchant(2000)的研究对上述三个方面的控制问题都做了分析,更多的文献都只集中于研究母公司对控制机制的选择和运用,其中多数文献(Dekker,2004;Chalos and

O'Connor,2004)都是在 Merchant and Van der Stede(2007)的控制框架内讨论控制机制,包括行为控制、结果控制和文化/人员控制(社会控制),其中前两种控制机制又被称为正式控制,而文化/人员控制(社会控制)被称为非正式控制。基于经济交易观的研究主要研究了股权控制等正式控制机制,而基于社会交易观的研究则侧重研究非正式控制问题,因此今后的研究需要首先对这两类控制机制进行整合,其次则需要将控制机制、范围和程度这三个要素结合起来以形成对控制的全面解释。

(3) 控制状态的整合:静态研究与动态研究的整合。到目前为止,多数文献对合资企业管理控制所进行的都是静态研究,实际上追踪控制系统的演变过程,探寻控制系统与影响变量之间的动态关系,能够进一步明确二者的因果关系,并分辨出资产特性或关系特性对控制系统的相对性,研究的结论更有助于回答合资企业成立时的初始特性是否会决定其最终的成功或失败等问题。社会交易观提供了动态研究控制系统演变的路径,综合运用两种理论将进一步促进对合资企业控制静态与动态研究的结合。

2.4 结论

从本文以上内容的讨论分析,我们已经能够理解为什么尽管学者们对合资企业的管理控制进行了大量的深入研究,但研究结论更多的是零散的,甚至相互矛盾的,具体原因有三:一是合资企业自身及其所面临的商业环境是复杂多元的;二是合资管理控制的基本理论道出多门,派别纷呈,到目前为止理论界尚未给出一个较为系统的解释和对实践更有价值的指导;三是大多数文献都是从不同学科的理论基础出发,仅仅关注了合资企业管理控制的某一个侧面的问题。

本文以经济交易观和社会交易观这两类主流的研究文献为对象,通过对比分析认为两类研究均存在局限性,整合研究应该是未来研究的方向。整合研究要求研究者要跨越学科的界限,以"问题为导向"(problem-focus),更加务实地从事更多跨学科的(合作)研究,同时放弃对某一学科理论过于狭隘和盲目的推崇(如有人认为经济学是社会科学中的最优学科,能够解释所有的经济行为等),更多关注合资企业及其管理控制运行所依赖的社会环境和相关的社会理论,从而对现实做出更完整、更有说服力的解释。

3 组织管理控制其他相关主题的文献分析

在关注合资企业管理控制文献的同时,我们发现西方的管理会计研究成果日益丰盛,除了管理会计的传统话题外,新颖的和交叉性的议题日益成为管理会计关注的重点,并彰显着管理会计的研究方向,我们认为这些新的议题和研究视角对合资企业管理控制研究有很大启示。

3.1 关于"信任"

3.1.1 组织管理学中"信任"研究概述

信任(trust)在社会学、经济学和心理学等诸多领域都有不同的解释。社会学家认为信任是人类面临合作的有效简化机制(卢曼,2005),经济学家认为信任是一种理性的计算(Williamsom,1993)或者制度因素(North,1990),心理学研究认为信任是对合作方的判断,这种判断容易受到任务特征和个人认知模式的影响(Malhotra,2004)。通过剖析信任的定义,可将信任的内涵包括四个基本元素构件即同时存在信任方和被信任方、乐观的心理预期、承接风险的意愿和动态心理的过程。

从外延上分析,信任也是一个多维度变量:① 既有信任者视角、被信任者视角,也有相互关系视角;② 信任划分为认知型信任和情感型信任;③ 信任分为计算型信任、知识型信任和认同型信任;④ 也有观点将信任分为契约信任、能力信任、声誉信任等(Maria L. Velez,2008);⑤ 信任既存在于个人之间,也存在于组织之间,组织内部的信任分为纵向信任与横向信任,横向信任是指组织内部平级人员间的信任,而纵向信任则是指组织内部不同层级人员之间的信任关系。

围绕信任这个共同话题,经济学和社会学在"理性选择"上展开了对话,使得两个学科经历严格分野后又重新回到了对话与融合。经济学家从"理性人假设"出发,认为信任是一种非理性行为,而社会学家却提出了不同的看法:Granovetter 指出经济行动嵌入社会结构,信任源于关系网络并在市场中大量存在;Kollmann 在格兰诺维特的基础上更进一步,他将理性选择的方法引入社会学,认为作为一种有目的的行动,信任本身也是一种理性选择;而福山则在理性选择之外看到了文化的作用,找到了一条用文化解释经济的崭新路径。

通过文献整理,我们发现组织之间的信任关系是绝大多数文献关注的重点。这是因为组织间的交易关系具有长期性,相互作用的程度明显,容易将其理论模型化。一些文献研究甚至把组织间关系分为几个阶段,在不同的阶段信任与会计控制的关系也不同。早期会计控制增加信任,到发展成熟期,会计的积极影响就会下降。另外,组织间的不同关系对信任的要求也会不同,甚至同样属于合作关系,也会因合作的不同水平而异。

有的学者从信任与管理控制的关系出发讨论问题。把会计作为一种沟通工具,它可以增强信任,也可以损害信任。在双方关系中,会计系统可以提供另一方的信息,或对另一方进行控制,从而有利于建立信任。相反,一旦信任建立起来,就会取代对详细的会计数据的需要,这就需要在信任与会计信息之间找到一个平衡点。研究二者联系有助于理解信任在会计过程中的作用,以及如何通过会计方法建立信任。

有的学者从绩效评价的角度出发讨论信任问题。当前很多公司采用会计信息作为绩效考核的重要依据,例如常见的收益共享、红利政策。这是因为会计数据能规范控制机制,推动正式控制的建立。但是也有研究分析了会计信息对信任的负面影响,认为是否采用以会计为基础的绩效控制取决于公司环境。比如,建立在互惠、信任基础之上的环境,引入会计信息反而会损害信任。再比如,在一个动荡的、复杂的环境里,希望得到信任的员工对会计数据会非常敏感。此时会计信息需要补充一些主观上的激励措施来增加信任。因此,信任与绩效评价的关系需要考虑多方面因素,这是一个很有价值的研究话题。

信任议题的导入丰富了管理会计的基本理论。传统管理会计理论是完全基于经济学原理,但理性选择理论并不能解释一切人类行为。以信任为例,在经济学的理性选择理论看来,"信任"是非理性行为,不符合经济人的行动模式,一个社会的信任程度和该社会的经济规模之间呈现相关关系。比如,有研究已经表明在高信任度的社会中,企业规模比较大且通常有较长的历史;而低信任度社会中的企业多是小规模的家族企业,并且其经营通常在三代以后就难以维持。

3.1.2 西方管理会计研究中相关文献归纳与内容介绍

我们收集的这些文章都曾发表在2000—2009年的20种西方顶级会计类学术期刊上，收集文献的标准有两个：第一，标题中含有"trust"；第二，属于管理会计研究领域。按照这些标准，本文涉及的文章包括 *Accounting Organizations and Society*, *Abacus*, *Management Accounting Research*, *Journal of Management Accounting Research*, *Contemporary Accounting Research*, *The Accounting Review* 六种学术期刊上的13篇文章。

现将文献内容按照研究方法归类，并依次进行简要综述，首先按照研究方法归类，规范研究类2篇、实证分析类2篇、案例研究类7篇、实验研究类1篇、实地研究类1篇。详细内容如表3.1。

表3.1 有关"信任"的相关文献

论文题目	作者及发表刊物	研究方法	内容与结论
1. 企业间交易关系中会计控制与信任的建立	Ed Vosselman, Jeltje van der Meer-Kooistra. *Accounting, Organizations and Society* 34 (2009)	规范研究	将在厂商间交易关系中会计、控制与信任的关系理论化。第一，会计可看成一种控制技术，会计方法可以同时为建立信任和控制实践服务；第二，会计控制需要公司治理结构的支持，同时信任的建立也需要一体化的、正式的控制结构；第三，控制与信任不可相互替代，不可叠加，二者相互作用。信任有助于加强控制，在一定情形下控制也可能降低信任水平。控制与信任关系的相互作用有利于建立稳定、长期的关系。
2. 在关系、联盟和网络中的相互依存、信任和信息	Cyril Tomkins *Accounting, Organizations and Society* 26 (2001)	规范研究	研究了公司之间普通业务往来关系、商业联盟和商务网络中的信任与相互依赖关系。第一，所有关系都建立在信任基础之上；第二，个人关系中信任和信息的相互作用可以被推广到组织间；第三，信任和信息之间存在倒U形的函数关系。信任与信息需求会随着公司间关系的发展而变化，在不同阶段有不同侧重点。因此，不同的合作关系水平会有不同的信息需求。

（续表）

论文题目	作者及发表刊物	研究方法	内容与结论
3. 预算——在信任与参与中的作用：一份研究报告	Chong M. Lau, Christen Buckland *Abacus* Vol. 37, No. 3(2001)	实证分析，问卷调查	收集了100家制造企业的相关数据，通过路径分析模式研究预算强调程度与工作关系紧张程度之间的关系。第一，预算强调程度对工作关系紧张程度的直接作用不太明显，但是可以通过信任、预算参与度这两个中介变量对工作关系紧张程度起到显著的间接作用；第二，预算参与度也能通过信任对工作关系摩擦产生作用。预算强调程度越高，预算参与度越高，上下级之间信任程度越高，工作关系紧张程度也就越低。
4. 正式的绩效评价如何影响上下级之间的信任	Frank Hartmann, Sergeja Slapnicar *Accounting, Organizations and Society* 34 (2009)	实证分析，网络问卷调查	收集了11家斯洛文尼亚商业银行的数据，分析绩效评价对上下级信任关系的影响。第一，下级对上级的信任取决于绩效评价程序的规范性；第二，绩效评价程序通过员工对程序的公正性、绩效反馈质量的感知这两个中介变量对信任起作用。正式的绩效评价体系意味着正直、诚实，比非正式绩效评价程序有更高的准确性、一致性，有详尽的绩效目标，有量化的测评标准，因而有利于推进公平，提高绩效反馈质量，进而赢得下级信任。
5. 会计中的信任：一些经验证据	Inga-Lill Johansson, Gudrun Baldvinsdottir *Management Accounting Research* 14 (2003)	长期案例研究，访谈，视频记录，实地观测	以瑞典的一家咨询公司和一家制造企业为研究对象，分析两家公司四年内采用不同会计系统对公司内部信任及绩效的影响。一家公司由于成员间信任的丧失最终被兼并，另一家公司由于会计系统的改进提高了信任度，改进了绩效。研究表明绩效评价以及绩效评价的程序都取决于信任，对会计师、会计数据的信任在绩效评价、绩效改进方面起着重要作用。绩效的评价和制度的建立都以利益各方的相互信任为基础。

（续表）

论文题目	作者及发表刊物	研究方法	内容与结论
6. 外购关系中的管理控制系统与信任	Kim Langfield-Smith, David Smith *Management Accounting Research* 14 (2003)	案例研究，半结构访谈	研究一家澳大利亚电气公司的IT外包业务，分析了该公司选择外包关系的动机、选择标准及二者关系发展历程。第一，外包交易的特点符合以信任为基础的控制的要求。如果公司间交易关系的任务很难程序化，产出很难度量，交易不易重复，则交易环境充满不确定性与风险，那么信任成为获得控制的主导机制。第二，管理控制体系要以信任为基础，通过结果控制、社会控制、信任尤其是信誉信任的发展才能实现控制。
7. 管理控制系统作为深化组织间关系的信任构建者：来自一个长期案例分析的证据	Maria L. Velez, Jose M. Sanchez, Concha Alvarez-Dardet *Accounting, Organizations and Society* 33 (2008)	长期案例研究，半结构式访谈	通过回顾重大事件的方式介绍了一家制造企业及其分销单位的关系发展历程。第一，在一种开放的不断发展的关系中，新的管理控制系统不会破坏组织间已有的信任，即使信任已建立；第二，管理控制系统能够创造有利于信任发展的条件。高度信任为进一步合作提供平台。正式的控制能提供更客观的证据，行为和结果控制能改进合作伙伴之间的信任，建立起能力信任和声誉信任。管理控制系统不仅可以监管而且能协调各方关系。
8. 绩效评价、报酬体系、信任和战略变化	Robert H. Chenhall, Kim Langfield-Smith *Journal of Management Accounting Research Vol.* 5 (2003)	案例研究，口述历史，官方文档	研究了一家制造企业在15年间运用收益共享等绩效评价系统的战略及业绩变化过程。第一，以奖金为基础的机械控制体系，可以推动组织信任的发展，成功地推动组织变革的实施；第二，当竞争环境要求更高层次的创新时，这个体系就会不适应个人信任的发展，正式的绩效评价体系就会与个人信任的发展不匹配。更加灵活开放的社会控制会更适合发展个人信任与合作创新。

（续表）

论文题目	作者及发表刊物	研究方法	内容与结论
9. 在国际合资企业中信任与控制的关系：来自航空工业的证据	David Emsley, Filip Kidon *Contemporary Accounting Research* Vol. 24 No. 3（2007）	案例研究，访谈	以一家由两个国际航空公司共同出资设立的合资企业为例，研究信任与控制的关系。该公司前期通过一系列整合运作加强控制，建立起信任，后期合作伙伴战略分歧引起关系的紧张。案例表明：第一，产出控制、行为控制和社会控制在执行层面为能力信任提供相关信息，但只有社会控制在管理层面为建立声誉信任提供信息；第二，声誉信任的建立需要的信息比毁坏所需信息要多。
10. 信任中的会计与会计中的信任	Cristiano Busco, Angelo Riccaboni, Robert W. Scapens *Management Accounting Research* 17（2006）	案例研究，访谈	研究一家意大利公司被 GE 收购后的文化整合与组织变形、不断融合的过程，管理会计系统提高了 GE 公司经营方式的信任度，在学习和文化变革中起到了重要作用。案例表明：第一，管理会计系统是信任的源泉、目标，是组织体系的接入点，可以在组织危机时提供可靠的解决方案；第二，对组织变革的信任是实施管理会计系统的必要条件，会计则是实践中支持这种信任的基础。
11. 在合作联盟的起步阶段中交易特点、信任与风险的关系	Kim Langfield-Smith *Management Accounting Research* 19（2008）	案例研究，访谈，文档资料	以一家建筑工业的合作联盟为例，分析了该联盟的早期发展历程。第一，解释了管理层对合作伙伴间信任、风险的认识在联盟合作的起步期会影响治理结构、控制体系的选择；第二，研究了建立联盟的进程中如何建立正式控制，提高合作伙伴间信任，降低风险。联盟治理结构和行为、产出、社会控制都是控制系统的一部分，可以提高信任，降低风险预期。

（续表）

论文题目	作者及发表刊物	研究方法	内容与结论
12. 控制体系对信任的影响和在协同环境下的合作	Angela L. Coletti, Karen L. Sedatole, Kristy L. Towry *The Accounting Review* Vol. 80, No. 2(2005)	实验研究	实施了两项实验，参与者扮演商业合作者，根据是否存在强有力的管理控制体系将实验者分为两组，对比分析信任水平与合作情况。实验结果表明：第一，在协同的环境里，强大的控制体系可以提高合作者间的信任；第二，信任水平的提高对后续的合作程度有积极影响；第三，控制对合作的积极影响通过信任得到强化，同时控制体系的边际效应也在不断增加。
13. 身体力行？英国超市和供应商之间的供应链会计和信任	Clinton Free *Accounting, Organizations and Society* 33 (2008)	长期实地研究	通过长期的实地研究和一个具体的案例分析了英国零售行业供应链关系间核算在建立信任体系中发挥的作用。第一，基于品类管理的核算支持了合作关系，在建立信任中发挥了重要作用，并推动了信任在全行业的扩散；第二，这种扩散的信任会成为一些厂商追逐私利行为的掩饰，最终导致不信任；第三，可以借助仪式等手段建立起信任。

3.1.3 西方文献对中国管理会计研究的启示

通过回顾、述评西方关于“信任”议题学术文献的理论基础、研究内容、研究方法及其研究结论，我们深感这一问题的重要性、艰巨性和开放性。由此得到的启迪至少包括以下几点：

第一，以“信任”为题强调管理会计的研究改变了经济学基础一统天下的局面，必须加大社会心理学理论的运用。

经济学把信任作为提高效率、增加效用的因素，是生产体系下的一种稀缺性资源。社会心理学把信任看成人们期望的一种目标，人们生存的一种必要条件。社会学家 Granovetter 通过信任研究，说明了经济学理性选择理论的不足，指出理性选择理论不应该仅仅将研究目标限制在追求经济利益的工具性行动中，还应该包括社交、认同与权力的目的等“目的性行动”（Granovetter，2007）。在管理会计领域引用社会学理论研究信任问题是必然趋势。

下列问题可能会主导未来研究：首先，信任与管理会计之间存在着相互替代、相互作用的关系,同时建立管理控制系统也需要花费成本,那么在一个组织中应当存在信任的最优水平。那么如何得到这个最优水平,就是一个有价值的话题。进一步地,假设存在信任的最优水平,那么这个水平如何被度量?变量如何被定义?这都是值得探讨的问题。其次,个人信任与系统信任的关系。系统信任是社会学中的概念,指对专家系统和规则体系的信任,与个人信任相对。组织间信任既有个人信任,也有系统信任。管理会计本身就是一个信任的信息系统,并且在建立系统信任中发挥着重要作用,甚至可以被看成是系统信任用来替代个人信任的一个工具。那么二者在组织内部的相互影响究竟是怎样的?目前还没有学者给出明确的答案。再次,我们知道信任往往代表着人们对未来的预期,那么管理会计系统是否会通过影响人们的预期来间接地对信任水平产生作用?管理会计怎样对人们的预期产生影响?目前几乎没有这方面的实证研究,需要学者们进一步思考。最后,考虑更多的具体情境因素仍然是学者可以努力的方向。目前对信任和管理会计关系的研究大多数局限在组织间关系和绩效评价体系这两个具体情境下。既然管理会计有很多的用途和目的,那么在具体的运用情境下,信任与其关系肯定有所变化,这种变化正是可以进一步研究的方向。

第二,“信任”议题使得管理会计研究必须加大采用“实验研究”与“实地研究”方法。

通过梳理文献,我们发现经验研究的数量超过规范研究。表 3.1 中的 13 篇文章中有 11 篇主要采用经验研究方法,仅有 2 篇采用规范研究方法。经验研究中有实证研究 2 篇,案例研究 7 篇,实验研究 1 篇和实地研究 1 篇。我们认为实验和实地研究方法更适合应用于“信任”议题的研究。实验研究中,我们可以严格控制其他的因素,只改变我们希望改变的自变量,监测因变量的变化,而实地实验是在自然环境下进行的有控制的实验。两种方法各有所长。实验研究可以对实验过程和因素进行有效的控制,研究人员尽量排除了已知的干扰因素,所以内部效度比较高,设计灵活。但因为实验环境的特殊性,且测试样本难以完备,所以外部效度比较低。实地研究的情况则正好相反,具有较高的外部效度和较低的内部效度。

信任在不同的组织环境里会发生不同的作用,与管理控制的关系也会不断变化,受各方面因素的影响很多。因此,在研究信任的某一具体问题时,我们需要筛选、控制各种变量,才能保证研究的高效度。实验、实地研究方法就可以满足这一要求。比如,第十二篇文献(Angela L. Coletti)采用实验方法研究控制体系对信任的影响,实验中作者设置了不同控制水平并保证其他的因素不变,选取了两组实验对象,通过对比这两组对象的信任合作水平,很好地解释了这二者之间的关系。

第三,关于管理会计研究内容的拓展。

(1) 组织间关系是研究重点,并呈现出多样化。很多文献把信任关系引入具体的经济关系、具体的行业中,通过具体的经验数据来证明理论。13 篇文献中有厂商间交易关系、商业联盟网络、外包关系、生产商与分销商、供应链等多种组织间关系,同时研究对象涉及了咨询业、制造业、金融服务业、零售行业、航空工业、建筑工业等多种行业。比如,第六篇文献(Kim Langfield-Smith)以一家澳大利亚的电气公司为研究对象,分析它的 IT 外包业务,介绍了承包商与其外包关系的建立、发展过程,说明了信任在组织间关系中发挥的作用。再比如,第九篇文献(David Emsley)研究了一家由两个国际航空公司共同出资设立的合资企业,分析了在这种战略合作伙伴关系中信任与管理控制是如何相互作用、相互影响,进而带来合作关系上的变化的。

(2) 将信任与组织管理中的众多话题结合,研究信任与多个变量的关系。上述文献讨论了信任与会计控制、绩效评价、预算、工作关系紧张程度、商业信息、管理控制体系、战略变革等的相互关系,并且以动态发展的观点来研究这些关系。其中,还有部分文献在这些关系中加入中介变量,通过路径模型方法探讨信任的直接影响与间接影响,可以发现信任可以用来解释组织管理中的很多问题。例如,第三篇文献(Chong M. Lau)通过路径分析模式研究预算强调程度与工作关系紧张程度之间的关系,认为预算强调程度对工作关系紧张程度的直接作用不太明显,但是可以通过信任、预算参与度这两个中介变量对工作关系紧张程度起到显著的间接作用。同时,预算参与度也能通过信任对工作关系摩擦产生作用。预算强调程度越高,预算参与度越高,上下级之间信任程度越高,工作关系紧张程度也就越低。再比如,第四篇文献(Frank Hartmann)研究绩效评价体系为什么会影响上下级关系,该研究设了两个中介变量:员工对程序的公正性的感知和对绩效反馈质量的感知。绩效评价程序通过这两个中介变量对信任起作用。正式的绩效评价体系意味着正直、诚实,比非正式绩效评价程序有更高的准确性、一致性,因而更有利于推进公平,提高绩效反馈质量,进而赢得下级信任。

(3) 信任的含义呈现多元化,一些研究丰富和拓展了信任概念的外延。经过梳理总结,大多数研究中的"信任"包括三层含义:愿意接受易损性,对结果的积极预期,以过去的经历为基础。正如前面所述,这十三篇文献中大约有四五篇都运用了信誉信任、能力信任这样的概念,在对这些概念的量表设计、计量标准方面都有不同层次的突破。例如,第九篇文献(David Emsley)研究信任与控制的关系,首先介绍了三种信任(契约信任、信誉信任、能力信任)与三种控制(产出控制、行为控制和社会控制),然后通过案例说明不同信任与不同控制之间的关系,认为产出控制、行为控制和社会控制在执行层面为能力信任提供相关信息,但只有社会控制在管理层面为建立声誉信任提供信息。其次,声誉信任的建立需要的信息比毁坏信任所需的信息要多。

3.2 关于企业政治关联

3.2.1 企业政治关联研究的基本问题

政府往往是带来企业经营环境不确定性的一个重要缘由,因为政府通常掌握着影响整个产业格局以及竞争环境的重要资源或机会(Jacobson et al.,1993;Baron,1995)。政府的许多决策都会或多或少地影响企业运营与绩效,企业长期经营决策都与政府政策息息相关。政府对企业不可忽视的影响力使得许多公司重视并发展企业的政治战略,力图通过与政府部门或管理当局建立良好的关系以帮助企业赢得有利的政策环境(Baysinger,1984),规避经营环境中可能出现的不利局面。基于此,企业的政治关联研究也开始成为学者和企业管理当局关注的热点问题,现有的研究成果可简单归纳为以下几个方面:

1. 政治因素对企业的影响

由于政府政策与决策对企业经营业已存在复杂、长期的影响,企业需要了解和把握政治环境,并理解政府不断调整的政策对企业本身可能带来的冲击,以更好地掌控企业经营方向。会计学者们也在这一研究领域作出了应有的贡献,主要是针对重大政治事件和政治环境如何影响企业财务制度和会计实践进行研究,具体包括企业财务报告、透明度、企业管理控制制度等。把会计职能与政治因素相联系,有助于在企业经营实践中更好地理解运用管理会计中的各种工具。

2. 企业的政治行为

由于政府掌握着能够影响企业经营环境的重要资源,企业更有动机建立并经营其自身的政治网络资源，从而促使企业形成政治战略，并表现出积极的政治行为。这一领域的研究议题包括验证企业是否存在政治行为，企业如何管理其政治网络资源，企业不同的政治战略以及影响企业政治战略选择的因素。在这一研究议题下，跨国企业在东道国如何管理与东道国政府的关系这一问题因其理论与实践意义，受到了学者们特别的关注。

3. 企业的政治背景

这一领域的研究主要关注企业政治资源的效果：企业的政治关联、通过政治战略获得的政治资源，究竟能否对企业经营起到推动作用。其中，企业的政治关联主要指公司管理层，特别是公司 CEO 的政治关联，包括其从政经历以及与政府官员的渊源等。而验证政治资源的效果包括企业业绩、公司治理水平、资本成本、海外合作机会、竞争地位等。学者们在这一领域的研究热情也相对较高，国有企业因其与政府之间天然的血缘关系而在这一研究领域被广泛关注，特别是中国国有企业，作为转型经济体不可缺少的重要组成部分吸引了大量的目光。学者们通过数据和案例来验证企业拥有的政治背景能否帮助企业获得经营优势，企业的政治关联究竟是否有益的资源。

3.2.2 西方管理会计研究中相关企业政治关联文献内容介绍

我们收集了 2000—2009 年间发表在西方顶级会计类学术期刊上关于“企业政治关联”议题的 8 篇文章。收集文献的标准有两个：第一，标题中含有“political”；第二，属于管理会计研究领域。

1. 有关政治因素对企业影响的研究

学者们普遍认同企业经营环境中的政府作用，政府政策、政治环境等政治因素都会对企业产生直接或间接的影响。而在这一领域，会计学者们的研究则主要关注政治因素对企业财务、会计制度的影响，包括会计制度的推行和发展，也取得了有意义的研究成果。

Danture Wickramasinghe and Trevor Hopper(2005)通过对斯里兰卡一家传统纺织厂进行长期深入的案例研究，发现政治文化因素会影响管理会计在实践中作用的发挥，因为管理会计与控制本身是现代化、城市化、工业化文化以及资本主义生产模式的体现，而政治文化差异、冲突使得理性的预算工具在长达 40 多年的时间中都没有成功渗透到车间工厂中，而无法成为有效的管理控制工具。此外，Danture Wickramasinghe and Trevor Hopper(2004)的另一研究也同样发现组织结构及管理模式的调整会受到社会政治文化以及历史因素的影响。他们对斯里兰卡另一家国有电信公司进行了深入的实地研究,发现用新的管理会计控制体系替代该公司原有的官僚管理体系后确实能够带来积极的经济效益,但这种经济效益可能会由于政治干涉而打折扣。因此,他们认为管理会计系统的变革、采用资本主义生产模式的经济后果并非绝对,而是取决于复杂的动态的政治环境以及一定程度上的文化因素影响。

Neale G. O'Connor 等(2006)也是从管理会计的研究视角出发,通过对 502 家中国国企的部门经理进行问卷调查,运用实证的方法验证了政治约束对中国国有企业管控机制的影响。工业水平上升、国外竞争者增加以及企业本身拥有的合资经验,这些市场化力量都会影响企业的管控机制,包括授权制度、客观业绩评价、激励等。研究认为政治因素是转型经济体中不可忽视的力量,因而以国有企业中劳动人事决策权的政治约束力量为切入点,证实了政治因素能够弱化市场化力量对企业管控机制的影响作用。

另外,也有学者从整体政策环境的角度分析政治形势与企业会计制度的关系。Peter Skaerbaek and Preben Melander(2004)深入研究了一家丹麦国有大型货运公司在私有化过程中建立新战略的过程,反映了转型过程中会计如何从以控制为重心转变为以金融化为重心,从而证明了政策变化对会计制度重心变化的影响。此外,已有学者开始针对中国国有企业,研究重大政治事件对上市公司负面财务信息发布的影响,发现国有企业在重大政治事件(如两会、干部换届选举等)期间股价下跌的可能性会降低,即表明政治事件会影响国企的财务状况报告机制,压制不利信息的发布。

2. 有关企业政治行为的研究

西方学术界把任何试图直接影响政府政策或政治过程的复杂行为称为公司政治行为。因为政治因素在企业经营过程中的不可忽视性,企业有动机通过政治行为服务于企业利益,这也引起了学者们对企业政治行为问题的关注。目前这一领域的研究概括来说主要包括两个方面的内容:一是验证企业如何管理其政治关系,二是企业政治战略的选择问题。

为验证企业是否因政府对企业经营的影响作用而确实存在政治行为,学者们针对这一问题进行了有意义的探索。Amjad Hadjikhani 等(2008)通过两个案例研究跨国企业如何管理其与社会政治组织之间的关系,建立起一个包含合法性、承诺和信任的理论框架,研究结果认为跨国企业为实现其商业目标,会采取行动将来自于社会政治组织的压力转化为支持性关系。此外,也有学者运用解释性的档案分析方法验证了企业家如何引导新的内幕交易规则制定或影响现有制度以降低其最终效果,从而为自己的投资利益服务。

关于企业政治战略及战略选择因素,学者们的研究也取得了一定的成果。Amy J. Hillman and William P. Wan(2005)认为企业政治战略包括信息政治战略(information political strategy)、财务激励政治战略(financial incentive political strategy)以及选民培养战略(constituency-building strategy)三种,研究主要针对跨国企业国外分支机构政治战略的决定因素,运用来自美国跨国企业西欧分支机构的问卷及档案数据,提出并验证了关于分支结构、东道国以及政治战略决定因素的多维度模型。研究结论认为海外分支机构的成立时间、规模,东道国特征,母公司的政治战略选择,母公司的多元化程度、国际化程度,都会是影响海外分支机构政治战略选择的重要因素。

Derek Johnston and Denise A. Jones(2006)研究了会计对公司政治战略的影响,发现公司在商业合并和收入确认的会计事项变动中所受到的影响越大,则公司的游说支出也越高,表明公司的游说支出与公司进行游说的会计动机显著相关,从而印证了会计因素在企业政治战略中的作用。此外,也有学者针对受到环境保护管制影响的企业,对其应对环境管制和立法的政治战略选择进行深入研究,认为环境战略是企业选择政治战略的一个重要影响因素,企业会选择相应的政治战略使之与公司既定的环境战略相匹配。而 Amjad Hadjikhani 等(2008)的研究则发现公司战略和国际化经验也都是决定企业采取不同政治行为的重要影响因素。

3. 有关企业政治背景的研究

有关企业政治背景的研究主要是针对企业拥有的政治关联、政治资源能否确实为企业带来好处这一问题展开的。学者们对这一研究领域的关注也较多,研究成果也相对较为丰富,多是通过实证研究方法验证企业拥有的政治背景是否能够改善企业绩效、资本成本、竞争地位、发展机会等。此外,由于国有企业的特殊性,这一领域的研究也涉及对国有企业高层管理者政治关联的研究,包括 CEO 更替及其对企业的影响等。

现有的研究多认为企业政治关联能够为企业带来各种好处,简单的可归结为三方面:优先贷款权、税收优惠和市场影响力。当然,其他还包括接受政府援助、获得限制性资源、取得优惠条款的贷款等，且这些优势最终能够提升企业价值。有学者从企业资本成本的角度出发，通过采用多个国家样本，控制法制体系和腐败程度的国别差异，进行实证研究，从而验证了企业的政治关联能够降低企业的资本成本这一观点。也有学者以中国汽车产业的跨国企业为切入点，研究其政治网络建设与竞争地位之间的关系，认为跨国企业在东道国较深的政治网络关系对其在东道国的竞争地位有正向的推动作用，但这一积极作用会随着制度转型和经济自由化的深入而降低。

政治关联对企业经营产生的影响也并不只是正向的。Jordan Sidgel(2007)通过对665家韩国上市公司的数据进行分析，发现企业的政治关系也可能对企业带来负面作用：与当局存在政治关联的企业建立跨境联盟的可能性会显著提高，而与执政当局敌对的政党存在政治关联则会降低企业建立跨境联盟的可能性，且政局的变化能够迅速将企业的政治资本转化为政治负债，反之亦然。

已有学者的研究发现，当国企出现财务危机时，政府就会委派一名政府官员到该企业高层任职。但有政治关联的CEO往往不太可能被任命到需要专业知识、行业竞争激烈、海外交叉上市或者地方机构比较强势的公司任职。也有研究结论表明，政府官员通常被认为是对扭转企业绩效有帮助的角色，一方面体现政府对公司的援助，因为有政治关联的CEO能获得更多的政府补助；另一方面也确实能够改善公司治理状况，降低企业的违规频率和亏损频率，降低市场压力，从而提高企业绩效。但是，政治关联却降低了CEO更替与企业绩效之间的相关性。

根据对上述文献的回顾和梳理，管理会计中有关企业政治关联问题的研究成果可归纳为表3.2。

表3.2　有关企业政治关联问题的研究成果

研究问题	主要研究成果	代表性论文
政治因素对企业影响的研究	政治文化因素会影响管理会计工具(预算)在实践中的作用。	Danture Wickramasinghe, Trevor Hopper(2005,2004)
	政治因素能够弱化市场化力量对企业管控机制的影响作用。	Neale G. O'Connor 等(2006)
	政策变化影响会计制度重心的变化。	Peter Skaerbaek, Preben Melander(2004)

（续表）

研究问题	主要研究成果		代表性论文
有关企业政治行为的研究	企业政治行为	跨国企业为实现其商业目标，会采取行动将来自社会政治组织的压力转化为支持性关系。	Amjad Hadjikhani 等(2008)
		企业家通过引导新的内幕交易规则制定或影响现有制度以降低其最终效果，从而为自己的投资利益服务。	暂未发现管理会计文献
	企业政治战略	认为海外分支机构的成立时间、规模，东道国特征，母公司的政治战略选择，母公司的多元化程度、国际化程度，都是影响海外分支机构政治战略选择的重要因素。	Amy J. Hillman, William P. Wan(2005)
		验证了会计因素对企业政治战略的影响：公司的游说支出与公司进行游说的会计动机显著相关。	Derek Johnston, Denise A. Jones(2006)
		公司战略和国际化经验都是决定企业采取不同政治行为的重要影响因素。	Amjad Hadjikhani 等(2008)
有关企业政治背景的研究	企业经营	企业的政治关联能够为改善企业绩效、资本成本、竞争地位以及发展机会等带来积极的推动作用。	暂未发现管理会计文献
		企业的政治关系也可能为企业带来负面作用。	Jordan Sidgel(2007)
	高管变更	有政治关联的 CEO 能够改善公司治理状况，降低企业违规频率和亏损频率，降低市场压力，从而提高企业绩效。 但政治关联也会降低 CEO 更替与企业绩效之间的相关性。	暂未发现管理会计文献

3.2.3 基于文献的启示

从目前的研究成果来看，企业政治关联问题的研究还有可拓展的空间，学者们在这一领域的研究尚未形成成熟的研究框架和体系。特别是我国的研究，对政治关系问题给予关注的学者仍是少数，关于这一问题的研究成果也较少，对我国企业的政治行为或政治战略研究也未形成系统的理论框架。然而随着我国现代企业制度的建立与逐步完善，企业政治关联确已成为企业经营实践的一个重要方面，也是企业管理控制研究领域的重要议题之一，应该引起学者们更广泛的关注。对现有企业政治关联问题研究成果的分析整理，能够为我国的相关研究提供重要的参考价值，并得到以下几点启示：

第一，积极探索转型期特殊政治环境对中国企业管理会计实践的影响。

从已有的研究成果中看，特殊的政治文化背景会对企业的管理控制实践产生重要的影响。由于中国正处于较为特殊的经济转型时期，政府在经济发展和企业经营过程中的作用尤为突出。中国特殊的政治环境和政策导向对中国企业的管理会计实践有何影响？西方管理会计控制系统在中国的应用是否因政治文化因素出现新的特征？政治因素与企业管理控制体系的建立、变革、发展之间有何联系？中国国有企业在转型过程中其管理会计和控制系统的角色、作用如何？这些问题都是这一领域中值得进一步探索的有益于中国企业实践的研究。

第二，密切关注中国企业的政治行为与政治战略。

从我们收集整理的近年来企业政治关联问题研究领域的英文文献中，我们可以发现有关企业战略政治的研究多是验证企业采用何种政治战略以及企业选择政治战略的影响因素。关于政治战略议题的研究在西方已相对成熟，主要是基于西方企业的具体实践。就我国国情而言，中国企业的政治行为和政治战略尚属新生，研究也尚未形成体系。学者们可以重点关注中国企业如何进行政府关系管理，包括地方政府以及中央政府；合资企业的外方合资方如何管理政府关系；跨国企业在中国经营所采用的政治战略如何；国有企业与民营企业在政治行为与政治战略上的差异；在特定的中国情境下政治行为或政治战略呈现出的特点如何等。而这一领域研究重点可以包括：中国企业的政治行为是否会对企业的管理会计与控制体系的形成、发展以及特点构成影响；反过来，中国企业的管理控制体系是否又会影响企业政治行为和政治战略的选择。

第三，深入挖掘中国企业政治背景的后果研究。

对企业政治背景的关注点多在于验证企业在拥有某种政治资源或建立了某种政治关系后能否切实为企业带来利益，已有的研究成果包括企业绩效、资本成本、竞争地位、发展机会等。那么在中国的企业实践中，这些研究结论是否仍然成立？中国企业的政治背景又如何影响企业的管理实践？这一领域的研究可以重点关注政治背景对企业管理控制体系的影响，探索拥有政治背景的中国企业在企业的管理控制体系设置上所呈现出的新的特点。此外，国有企业由于其特殊性也应给予更多的关注，如国有企业的管理控制体系是否存在有别于其他所有权形式企业的特征，国有企业是否会由于其政治背景优势造成企业管理的低效等问题。

此外,值得关注的是,管理会计研究一直存在研究数据获取困难的问题,但在文献整理过程中我们看到,学者们所采用的研究方法不仅包括通过长期深入的案例研究、多案例比较研究、实地研究等,对案例进行深入挖掘分析,从而归纳研究命题形成研究结论的方式,也有学者通过访谈、问卷调查、档案分析等方法收集数据,进行大样本的实证研究,从而增加了研究结论的可信性与适用性,也为从事管理会计研究的学者提供了新的可参考的路径。中国特殊的政治经济文化背景和中国企业的实践为学者们研究企业政治关联提供了良好的研究土壤和丰富的研究资源,也为管理会计学者探讨政治管理与管理会计实践提供了诸多研究议题,中国的管理会计学者更应把握地域优势,努力探索企业政治关联的"中国问题"。

3.3 关于"学习与知识"

3.3.1 组织学习与知识管理的基本问题

组织学习和知识管理作为企业管理、组织发展和社会进步的崭新议题受到广泛的关注。组织学习(organizational learning)的早期研究主要借鉴了源自个人学习的心理学文献中与学习有关的概念,如选择、决策制定、信息加工等。后来的学者们采用了更多更复杂的模型来解释组织不同层面的学习问题,这些层面或领域包括:解释系统(Daft and We. Ick,1984)、实践共同体(Brown and Duguid,1991)、对话(Isaacs,1993)、记忆(Casey,1997;Walsh and Rivel'a,1991)等。

关于组织学习的概念,Argyris(1977)的经典定义认为组织学习是组织成员对组织内部和外部环境变化而做出相应反应,通过员工自主能动来查错纠偏以维持组织特征稳定性的过程。Senge(1990)认为组织学习是思想的根本性转变的过程,组织发现环境的改变以及组织当前的行动会产生问题,并给出解决方式。Marquardt and Reynolds(1994)则认为组织学习是个人获得新知识、改变行为方式的过程。Crossan(1999)提出的组织学习动态模型,试图建立一个战略和学习之间的清晰关联以统一人们对组织学习的理解,他认为组织学习是思想和行动(包括个人的和组织共享的)的改变以融合不断变革的组织的过程,组织学习遇到的最基本的挑战是在新学习中的探索(exploration)和既有学习中的利用(exploitation)之间创造一种张力。这种张力的控制也是公司战略重建的关键,这就将组织学习定位为一个组织战略认知过程和实现战略目标的主要方式。

在管理会计或管理控制系统中，其实可以用组织学习来简化或变革传统的管理控制，一个组织也需要借助于相对固化的管理控制系统来提升学习能力。当然管理控制和组织学习之间也有很多不同点：从实施者来看，管理控制的实施者是管理层，而组织学习的实施者是下属员工；从实施方式来看，管理控制主要通过自上而下的命令来实施，组织学习则通过过程导向的自下而上的方式实现；在功能作用上，管理控制是度量和管理职能性活动(functional activities)，组织学习是度量和管理具体的工作流程；在关注点上，管理控制重点关注生产率、目标与预算相关的标准，组织学习则重点关注组织能力、与目标确定相关的变量；在文化与沟通方面，管理控制具有明显的限制性特征，强调上下纵向的沟通，而组织学习是开放性的，偏重横向的沟通；对业绩结果的处理上，管理控制采用奖励、惩罚、改进行动，组织学习提倡采用对话和改进措施。

对知识的定义，我们采用 Davenport 和 Prusak 的观点(1998)：知识是已形成框架的经验、价值观、背景资料以及能评估和整合新经验和资料的专业洞察力的混合(fluid mix)。在组织中，它不仅被录入文件和知识库中，也被应用在组织惯例、进程、实践和规范中。而知识管理(knowledge management)是企业面对日益增长的非连续性的环境变化时，针对组织的适应性、组织的生存、组织的能力等重要方面的一种迎合性措施(Y. Malhotra)。知识经济时代下，知识的管理不同于传统的管理，它有着特别的内涵。知识管理作为一种管理思想，与企业的战略相结合，涵盖了知识的沉淀、共享、发布和发掘过程。知识管理的外延更是涉及个人、群体、组织内部和跨组织产业内所有知识的创造、交流、共享和利用的各个领域。

以知识为基础的相关文献区分了知识管理概念上的两个不同层面。第一，这些活动增加了一个组织的知识储备，即 March(1991)提到的“探索”和 Spender(1992)所谓的“知识产生”；第二，有些活动是用知识来创造价值，即 March(1991)提到的“开发”和 Spender(1992)所谓的“知识应用”。在战略联盟方面，知识产生和知识应用的区别是相对应的。知识产生在联盟中作为一种学习方式，是指每个成员都能通过联盟来传递和吸收其他成员的知识储备。知识应用则是指知识共享的一种方式，每个成员利用合作者的知识储备来研发，补充现有知识，但是目的却是维持自身特有的专业知识储备。

组织学习与知识管理是密切相关的。在管理控制系统下，二者之间的关系可以用图 3.1 表现出来。

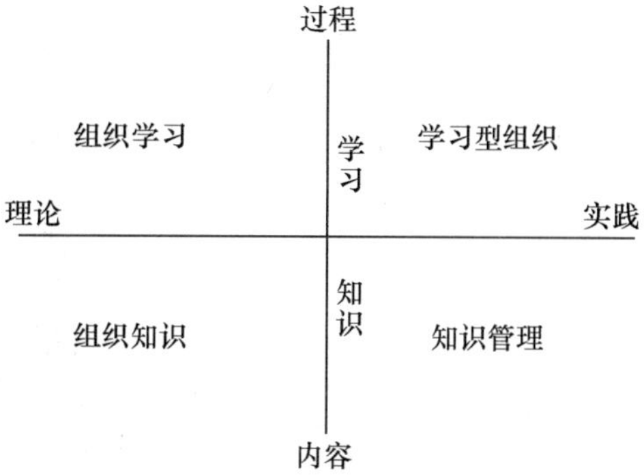

图 3.1 组织学习与知识管理

来源:采用的 Sauquet 的理论模型(2004)。

从图 3.1 我们可以清晰地看出这样一个原理:在理论上,学习知识的过程就是组织学习进程,通过组织学习的方式完成知识的获取和应用;而实践中,则表现为一个组织将自己构建成一个学习型组织。从内容上讲,学习与知识在理论上的交叉点就是组织的知识。学习的结果就是丰富组织的知识;而在实践中表现为知识管理。由此我们可以看到,组织学习与知识管理是学习与知识在理论和实践上的交汇口。二者共同作用于组织的管理控制系统。

3.3.2 西方管理会计中"学习与知识"议题文献综述

我们翻阅了发表在 2000—2009 年的 20 种西方顶级会计类学术期刊上的文章,本文收集文献的标准有两个:第一,标题中含有"学习或知识";第二,文章属于管理会计研究领域。按照这些标准我们获得了 12 篇关于"学习与知识"议题的研究文献,这些会计刊物包括:*The Accounting Review*, *Critical Perspectives on Accounting*, *Management Accounting Research*, *Accounting*、*Organizations and Society*。这些管理会计文献也可分为学习与知识两大类,文献研究的问题涉及了管理控制系统、绩效评价以及特殊组织或环境中的知识管理与组织学习等多个方面。

文献的类别及相关信息如表 3.3 所示:

表 3.3 有关“学习与知识”的相关文献

文章题目	作者	发表刊物及时间	研究方法
1. 激励合同对学习和业绩的影响	Geoffrey B. Sprinkle	*The Accounting Review*, July (2000)	实验研究
2. 非正式控制日益重要的作用:组织学习是授权还是压制员工呢?	Laurie W. Pant	*Critical Perspectives on Accounting* 12 (2001)	规范研究
3. 创造和管理组织知识	Christopher McNamara, Jane Baxter, Wai Fong Chua	*Management Accounting Research* 15 (2004)	案例分析,半结构化访谈
4. 管理会计和知识管理:对可理解性的研究	Al Bhimani	*Management Accounting Research* 15 (2004)	规范研究
5. 管理和报告研究机构中以知识为基础的资源和研究过程:具体情况、经验教训和前景	Karl-Heinz Leitner Campbell Warden	*Management Accounting Research* 15 (2004)	案例分析
6. 专业化服务公司的知识资本管理:探索创造力和生产力矛盾	Linda Chang, Bill Birkett	*Management Accounting Research* 15 (2004)	实证分析
7. 知识密集型企业不确定性的处理:管理控制系统作为知识一体化机制的作用	Angelo Ditillo	*Accounting, Organizations and Society* 29 (2004)	案例分析
8. 知识管理的第二次浪潮:通过知识产权信息对知识资源的管理控制	Jan Mouritsen, Heine Thorsgaard Larsen	*Management Accounting Research* 16 (2005)	案例分析
9. 综合战略绩效评估系统、生产的战略联盟、学习和战略的成果:探索性研究	Robert H. Chenhall	*Accounting, Organizations and Society* 30 (2005)	实证分析,问卷调查法
10. 有关作业成本法实施的不同学术流派间的知识传递	Hans Englund, Jonas Gerdin	*Management Accounting Research* 19 (2008)	规范研究
11. 组织流程变革对责任会计和管理者私人知识泄露的影响	Casey Rowe, Jacob G. Birnberg, Michael D. Shields	*Accounting, Organizations and Society* 33 (2008)	实证分析

(续表)

文章题目	作者	发表刊物及时间	研究方法
12. 在一个市的案例中控制与组织学习之间的互动:与 Kloot 研究案例的比较研究	Julien Bataca, David Carassus	*Management Accounting Research* 20 (2009)	案例分析

以上有关"学习"的文献一共有 4 篇,并采用四种不同的研究方法,分别讨论了组织学习和管理控制的互动、学习与战略,以及激励和非正式控制对学习的影响。

Geoffrey B. Sprinkle 在《激励合同对学习和业绩的影响》中研究了相对于浮动工资补偿合同而言,激励补偿合同在激励个人学习和表现方面的作用。通过研究发现激励合同相对于浮动工资合同,更能促进个人对工作的投入和表现,会促使个人做出更好的决策。这种激励能够提高个人努力的持久性和强度。激励补偿合同还可以提高学习水平,加速学习进程。另外,管理会计系统的反馈信息会促进个人学习,而学习级别的提升则需要个人接受更多的激励。

Laurie W. Pant 在《非正式控制日益重要的作用:组织学习是授权还是压制员工呢?》中通过总结学术界对于非正式控制,特别是组织学习对员工的影响的研究成果以说明自己的观点。规范研究结果表明非正式控制特别是组织学习,并不会导致组织不公平制度的持续,而是会促进组织实现真正的公平。管理层在设计管理控制系统时,应该考虑组织学习对员工的影响,以及如何通过组织学习实现组织和员工个人的双赢。员工是企业重要的竞争优势来源,管理层应重视员工知识的应用以及如何将其更好地整合到组织中以发挥最大效用。

Robert H. Chenhall 在《综合战略绩效评估系统、生产的战略联盟、学习和战略的成果:探索性研究》中对澳大利亚两百多个工业公司进行了问卷调查,研究了组织学习和生产的战略性调整对综合战略绩效评估系统(SPMS)产生的影响,并且进一步考察了它们如何影响企业的战略竞争力。研究表明:组织学习对差异战略竞争力有积极影响,但是与低成本战略及灵活性战略之间却没有多少相关性。生产的战略性调整与 SPMS 之间的显著相关性表明生产的战略性调整是有利于企业获得战略优势并提高企业竞争力的。

Julien Bataca and David Carassus 在《在一个市的案例中控制与组织学习之间的互动:与 Kloot 研究案例的比较研究》中通过对当地社会组织的研究,将控制系统、学习阶段、学习水平以及组织水平对应起来,分析了控制系统的各个要素对组织学习的影响,特别考虑了政治方面的因素,对控制系统和组织学习的互动性进行了探讨。文章对组织学习进行了分类,认为组织学习可以分为适应性学习(不会引起组织目标和典范的变化)和创新性学习(改变组织的目标或现有的结构)两大类。通过研究发现各类型的内部控制和外部控制,不管是对适应性学习中关注的内部资源调整,还是对创新性学习中关注的组织目标调整都具有一定积极的影响,而文化和政治控制则趋向于阻碍组织学习,尤其是在政治环境改变的情况下,政治因素对组织学习会有较大的负面影响。

在 12 篇文献中有关"知识"的文献有 8 篇,涉及的话题既有知识管理理论问题,例如知识构成、知识的可理解性等,也有不同组织的知识管理实际操作以及组织变革对知识管理的影响等问题,表明当前西方管理会计界对知识管理的研究更加宽泛与深入。

Christopher McNamara, Jane Baxter and Wai Fong Chua 在《创造和管理组织知识》中,对位于澳大利亚的一个跨国速食公司进行了实地研究,运用行动者网络理论探讨了组织知识的构成和知识管理。文章认为知识是在行动的过程中产生,并且得到真正的运用。通过行动者网络理论的应用,四个知识网络被联系起来,分别是:第一,作为重新组合、定义和使用的知识;第二,引入和标准化的技术技能;第三,远距离的共享,关联和行动方面的知识;第四,对知识性质的描述(对知识进行定位)。

Al Bhimani 在《管理会计和知识管理:对可理解性的研究》中研究了信息转化对知识管理的重要性,研究发现通过编纂和抽象的方法对数据进行分类和整理,进一步完成知识转化,可以降低转化成本。随后分析了管理会计提供的信息的相关性缺失问题,认为管理会计应该适时改变以适应组织,保证会计记录与实物流动的同步性。对管理会计和知识管理的探究发现,会计不仅仅是知识管理活动的窗口,更应该在知识管理中发挥更加全面和深入的作用。

Karl-Heinz Leitner, Campbell Warden 在《管理和报告研究机构中以知识为基础的资源和研究过程:具体情况、经验教训和前景》中首先介绍了研究机构中知识资本的管理和报告的模型以及其对生产过程和组织业绩的影响,然后总结奥地利研究中心和德国航天研究中心有关知识资本系统的执行情况和经验教训。该文致力于解决在一个组织中如何将生产过程概念化,采用以指标为基础的系统能够使组织可以获得传统财务会计系统以及其他知识资本系统无法提供的有关投入、生产过程、产出方面的数据。组织通过数据分析,进一步了解知识创造过程,在内部管理和外部报告之间进行权衡,从而实现对知识资本更加完善的管理。

Linda Chang,Bill Birkett 在《专业化服务公司的知识资本管理:探索创造力和生产力矛盾》中对大型的国际会计事务所的澳大利亚分支机构在公司重组前后的专业能力水平进行了分析,探讨了一个专业服务公司如何在其专业劳动力中处理好创造力和生产能力的矛盾。创造力要求公司不断开发新的产品和服务,而生产能力要求公司将现有服务做得更专业、更优质。随着环境的改变,组织对本身专业能力的预期有相当大的改变。对于行业新进入者,组织的关注重点都集中在保证专业的生产力上,但是随着公司越来越熟悉本行业,对其专业能力的关注也由保证专业生产力转变为激发内部人员的创造力。

Angelo Ditillo 在《知识密集型企业不确定性的处理:管理控制系统作为知识一体化机制的作用》中通过对一家软件公司三个项目组的实地研究,考察了知识复杂性、知识在不确定性水平下如何影响管理控制系统的协调作用以及知识一体化的作用。文章认为管理控制系统的知识一体化作用集中在文件来源、输出交换以及非正式的沟通方面,协调作用则集中在实际的行动、结果或者价值观方面。管理控制系统必须同时具有协调和知识一体化两方面的功能,缺乏任何一方面,都会损害知识密集型企业的健康发展。

Jan Mouritsen,Heine Thorsgaard Larsen 在《知识管理的第二次浪潮:通过知识产权信息对知识资源的管理控制》中考察了 Coloplast 公司的知识资本报告,研究了知识资本如何转化成为实际的管理行动,如何帮助管理者干预组织知识的发展、共享和应用。文章强调知识管理的第二次浪潮导致知识资本报告中的信息使用侧重点由简单评价转向深度管理。知识资本报告使知识管理脱离了分散、随机的管理方式,将各种知识资源整合为一体;而组织则可以通过知识资本信息了解组织的概况,从而更有效率地管理知识资源,避免管理层对知识管理的忽视。

Casey Rowe,Jacob G. Birnberg,Michael D. Shields 在《组织流程变革对责任

会计和管理者私人知识泄露的影响》中对一家美国航空航天承包商的一个部门进行了九年的实地研究，考察了如何通过责任会计对各个责任中心进行横向水平管理。文章特别关注在组织流程改变时，责任中心的相互关系和各自的业绩评定所受的影响，以及二者对管理者私人知识泄露的影响程度。文章认为非持续性的组织流程再造会导致责任中心高程度的依存，责任人之间会采取合作方式进行管理；持续性的组织流程变革会促使责任中心的业绩评定保持独立，并使得不同责任中心之间倾向于竞争而非合作方式。但是无论何种情形，管理者的私人知识都会出现较高程度的泄露。

Hans Englund，Jonas Gerdin 在《有关作业成本法实施的不同学术流派间的知识传递》中分析了主流学派提出的作业成本法实施的影响因素，同时阐述了政治导向观点，即组织内不同利益集团会存在一定的利益冲突，从而对作业成本法的实施产生影响。该文研究发现组织内部集团间的利益冲突会导致各集团采取措施来影响作业成本法的实施，以维护自身的利益。这种基于政治导向的观点重新解读了主流学派的研究发现，而且政治导向观点也可以在理论上解释作业成本主流学派研究结论与假设前提的矛盾之处。

3.3.3　对我国管理会计研究的启示

综合对西方管理会计"学习和知识"议题的文献分析，可以发现西方管理会计界对"学习和知识"议题的研究具体话题很多，在内容上文献从多个角度对多类组织的学习和知识的相关问题进行了研究。尤其是西方对该议题的研究不仅仅局限在从管理会计的具体范畴内进行，而且更多地在管理会计与其他学科相结合的情况下去探究。这种多学科的解读有助于该议题受到更加广泛的关注和研究。

当前，中国管理会计界对"学习和知识"议题的研究较为有限，很多的观点都是依赖于西方的研究成果。我们深信这些文献能为我国管理会计的相关研究提供多方面的启示：

第一，组织学习和知识管理跨领域的交叉渗透，拓宽了管理会计的研究范围。

西方的文献研究表明，学习和知识的概念通常会一并提出，尤其是在特定的组织内进行实证和案例研究时，组织学习和知识管理是紧密相联的。组织学习过程隐含着对组织内显性和隐性知识的应用与创新；知识管理过程体现了组织学习的特定方式,即如何最大限度地掌握和利用知识,尤其近年来对组织学习模型、学习方式、知识管理框架、知识管理应用的集中研究,启示着我国管理会计的研究必须突破成本、效益、风险和制度等单一话题的局限性,应该关注管理会计系统的“自学习”功能,基于跨领域视角改进管理控制的各种问题。

第二,务必重视组织学习和知识管理对企业绩效的复杂影响,尤其是企业战略制定与实施角度中企业的组织学习和知识能力问题。

西方管理会计界非常重视学习和知识在责任中心业绩评估、激励机制、管理控制、平衡计分卡,这些方面的研究。如前提及,Geoffrey B. Sprinkle 从员工个人层面学习角度,研究了激励合同如何通过提高员工的学习水平来提升组织业绩;Karl-Heinz Leitner,Campbell Warden 则是从组织整体的生产流程角度,研究了知识资本管理对组织业绩的影响。国内研究可以通过对本土企业进行实证和案例研究,来探索学习和知识对于我国企业管理会计系统和企业业绩的影响,得到的研究结论肯定更具实践意义。另外,学习和知识与企业战略的相关性得到了越来越多的关注,“学习战略”与“知识战略”的概念应运而生,与企业的业务战略相匹配的要求促使战略背景下企业的学习与知识对企业绩效的影响方式已成为研究热点。

第三,借鉴西方研究范式,重视管理会计研究跨学科的理论视角,并强化中国情境下学习与知识议题的研究。

譬如 Casey Rowe,Jacob G. Birnberg,Michael D. Shields 耗用了九年的时间对美国航空航天制造商进行研究,对该组织进行了深入的观察。这也说明该议题的研究肯定不是简单地从公开的书面报告中得到结论,而是要置身于组织的具体环境中去实地考察。我们国内学者可以在研究西方文献的基础上借鉴西方研究范式,采取多维的研究视角,弥补单一学科研究的局限性,彰显管理会计系统学习与知识管理功能。

3.4 关于文化

3.4.1 组织管理学中“文化”问题研究概述

“文化”是一个含义十分广泛的概念。在对文化的研究中,不同的学者从不同的角度定义、描述文化,学者们给“文化”下的定义可谓五彩缤纷,但是各类定义有一个基本共识:“文化”包括了一些类同的元素,是共同的价值观、信念和行为方式的总和,是一个主观性强的“非常稳定的综合体”,而且文化是一个国家、一个组织的灵魂和软实力。组织文化被视为构成组织或经营单位核心特性的一组规范、态度、价值和组织模式(Denison,1984)。这其中最为突出的是组织成员共享的价值观。从管理经济学的角度分析,组织文化是一种低成本的创立和强化契约、合作、信任的系统,良好的组织文化能节约交易费用、降低沟通成本、强调共同目标、改进效率,是一种难得的战略资产(Boyes,2005)。组织文化会在组织和个人两个层面上影响组织的运行(Barney,1986; Denison and Mishra,1995),进而会对组织的经营绩效产生影响。Schein(1985)曾把组织文化的作用总结为两大方面:帮助组织适应外部环境和整合组织内部的各个要素。组织文化本身是富有价值的、稀缺的以及难以完全模仿的,组织文化可以成为竞争优势的来源之一(Barney,1986)。

从组织文化的内容或类型上来看,理论上比较突出的观点包括:① 首先无疑是荷兰学者 Hofstede 的国家文化维度理论影响深远。他认为文化是在同一个环境中生活的人们所具有的共同的心理特征。通过对 IBM 在 40 个国家的 11.6 万名员工的问卷调查,提出了衡量国家文化差异的四个维度:权力距离(power distance)、不确定性规避(uncertainty avoidance)、个人主义/集体主义(individualism vesus collectivism)、阳刚性/阴柔性(masculinity vesus feminity),在持续的研究中,又加入了第五个维度:长期/短期导向(long vesus short time-orientation)。[①]这一理论将国家文化这一复杂的概念用数学模型加以量化,自提出起就得到了实证研究的青睐和理论界的广泛关注。② Schein 认为组织文化的构成有三个层次,即深层的默认假设、价值观和日常行为。[②] ③ Kotter and Heskett(1992)在 1987—1991 年间通过对两百多家公司的组织文化和经营状况的深入研究,表明了强力型、策略合理型和灵活适应型三种类型的文化会对企业长期经营绩效产生影响。④ Cameron and Quinn 等(1999)提出了竞争价值观框架的四个象限代表着四种不同类型的组织文化,分别被命名为宗族型(clan)、活力型(adhocra-

---

① Greet Hofstede, *Cultures and Organizations: Software of the Mind*, New York, McGraw Hill, 1990

② Schein, E. H. Culture: The Missing Concept in Organization Studies, *Administrative Science Quarterly*, 1996, 41, (2) cy)、层级型(hierarchy)和市场型(market)。同时,认为企业在成长过程中,企业文化一般会按活力型、宗族型、层级型、市场型顺序发生变革。四种类型的企业文化都有其有益于企业绩效的成分,如活力型文化强调创新和灵活发展,宗族型文化强调团队协作和内部凝聚力,层级型文化注重规章制度和工作流程,市场型文化重视目标结果和竞争。当然对于某一特定组织来说,它在某一点上的组织文化往往是四种类型文化的混合体。

Denison(1990)的研究表明,组织文化直接影响着企业绩效。相比于那些没有建立文化的组织,文化影响广泛并在经营决策中得以运用的组织在投资和销售方面的回报明显要好。Calori and Sarnin(1991)指出,组织文化的一些属性,例如合作精神、柔性化管理等,与企业相对投资回报率和销售回报率呈正相关。同样,Denison and Mishra(1995)的研究结果也表明,组织中的四种文化特性——参与性(involvement)、一致性(consistency)、适应性(adaptability)、使命(mission)与组织效能显著相关。

3.4.2 管理会计研究中相关文献综述

西方管理会计界深入探讨了在跨国家文化及组织文化下,企业的战略管理、薪酬体系、绩效评估、预算、激励等内部管理控制系统是如何受到不同文化的影响,以及如何调节以适应不同的文化。例如,根据国家文化维度理论,在权力距离大的文化下企业倾向于严格的预算控制和主观的绩效评价,不确定性规避越强就越倾向于严格的绩效评价标准和固定的奖励等。

本文详细查阅了1999—2009年这11年间的相关西方文献,文献源于下列权威的、学术化的会计杂志,即 *The Accounting Review* (AR)、*Accounting, Auditing & Accountability Journal* (AAAJ)、*Accounting Horizons* (AH)、*Accounting, Organizations and Society* (AOS)、*Behavioral Research in Accounting* (BREA)、*Contemporary Accounting Research* (CAR)、*Journal of Management Accounting Research* (JMAR)、*Management Accounting Research* (MAR)等20种学术期刊。发现其中涉及文化议题的论文数量非常多,但我们选取评述文章必须同时具备两个标准:一是文章内容是管理会计问题;二是文章标题有“文化”这个单词。为此共计20篇,涉及8种期刊。表3.4是按照发表时间顺序排列的文献简要列表。

表 3.4 管理会计中与文化有关的文献

作者	文章题目	研究方法	发表期刊
Shalin Chanchani, Alan Macgregor	会计中文化研究的综合评述	文献研究	*Journal of Accounting Literature* 18 (1999)
Graeme L. Harrison, Jill L. Mckinnon	管理控制系统设计的跨文化研究:对研究现状的回顾	文献研究	*Accounting, Organizations and Society* 24 (1999)
Chee W. Chow, Michael D. Shields, Anne Wu	国家文化对跨国公司管理控制设计和选择的重要性	问卷调查实证研究	*Accounting, Organizations and Society* 24 (1999)
Chong M. Lau, Christen Buckland	预算重视度、参与度、任务难度与业绩:文化差异的影响	问卷调查实证研究	*Accounting and Business Research*, Vol. 31, 2000
Carlos Ramirez	在文化背景下理解社会屏蔽:法国(1920—1939)的会计从业者	规范研究	*Accounting, Organizations and Society* 26 (2001)
John J. Williams, Alfred E. Seaman	预测管理会计系统的变革:国家文化和行业影响	问卷调查实证研究	*Accounting, Organizations and Society* 26 (2001)
Chee W. Chow, GraemeL. Harrison, Jill L. McKinnon, Anne Wu	公共会计事务所的组织文化:来自中国台湾本地事务所和美国事务所在台分所的证据	问卷调查实证研究	*Accounting, Organizations and Society* 27 (2002)
Wim A. Van der Stede	国家文化对跨国公司中管理控制和激励系统设计的影响:公司内部一致性的证据	问卷调查实证研究	*European Accounting Review* 2003, 12:2
Chris Patel	将揭发作为内部控制机制的跨文化研究	问卷调查实证研究	*Journal of International accounting Research*, Vol. 2, 2003
Priscilla O'clock, Kevin Devine	战略和文化在对国际战略事业单元的绩效考评中扮演的角色	规范研究	*Management Accounting Quarterly*, Winter 2003, Vol. 4, No. 2
Rachel F. Baskerville-Morley	Hofstede 从未研究过文化	统计规范研究	*Accounting, Organizations and Society* 28 (2003)
Kevin M. Baird, GraemeL. Harrison, Robert C. Reeve	作业管理实践的运用:运用程度和组织及文化因素的影响	问卷调查实证研究	*Management Accounting Research* 15 (2004)
Rachel F. Baskerville	一个研究笔记:未完成的文化研究	文献研究	*Accounting, Organizations and Society* 30 (2005)
Jean-Francois Henri	组织文化和业绩考评系统	问卷调查实证研究	*Accounting, Organizations and Society* 31 (2006)

（续表）

作者	文章题目	研究方法	发表期刊
Thomas Ahrens, Massimiliano Mollona	作为文化实践的组织控制——对谢菲尔德一家钢厂基层车间的民族学研究	实地研究	*Accounting, Organizations and Society* 32(2007)
Sujoko Efferin, Trevor Hopper	印度尼西亚一家华人公司的管理控制、文化和种族关系	实地研究	*Accounting, Organizations and Society* 32(2007)
Marko Jarvenpaa	管理文化变革的案例研究	长期案例研究	*European Accounting Review*, Vol. 16,2007
Yin Xu, Xiaoqun Xu	社会活动者、文化资本和国家:20世纪初期中国银行会计分类和术语的标准化	规范研究	*Accounting, Organizations and Society* 33 (2008)
J. Gregory Jenkins, Donald R. Deis, Jean C. Bedard, Mary B. Curtis	会计师事务所文化与治理:一个研究评述	文献研究	*Behavioral Research in Accounting*, Vol. 20,2008
Anette Mikes	风险管理和计量文化	实地研究	*Management Accounting Research* 20 (2009)

从研究内容上考察，这20篇文章中有6篇文章探讨国家文化与跨文化议题，14篇文章考察公司内部管理控制中的文化论题。以下就以此为标准将文献分为两类进行介绍。

1. 国家文化与跨文化议题

Shalin Chanchani, Alan Macgregor(1999)从理论和实证的角度，以1988年Gray文献为界分为前后两个阶段回顾了会计文献中的文化研究，指出会计中文化研究方法上的多样性，包括人类学、统计分析和归纳分析。Gray指出，社会价值观制约会计价值观，而制度效果与会计价值观共同决定了会计系统特征，这个会计系统既包括财务会计确认、计量和报告系统，也包括了管理控制系统。会计价值观主要体现在职业控制与法律控制、统一性与灵活性、稳健与激进、保密与透明四个方面，而且这四个方面与Hofstede的不确定性规避、权力距离、个人主义/集体主义和阳刚性/阴柔性四个文化差异维度相对应。这些分类也成为20世纪90年代会计研究中文化议题的主流。会计价值观成为制约会计计量、应用、披露与授权的理论与实践，并同时对预算参与、合资企业控制、跨文化问题产生影响的重要因素。另外，社会语言学也已成为该议题的研究的理论方法之一。

这篇文章最后也指出研究中存在包括过度依赖国家文化维度理论、会计价值维度有待完整和准确等问题，建议未来研究在理论方面进行创新及采用多样的研究方法。

Rachel F. Baskerville-Morley(2003)指出 Hofstede 的著作 *Culture's Consequences* 自面世以来在管理学、心理学和行为学领域被多次引用，但在人类学和社会学领域却很少被提及，并分析其被社会学和人类学拒绝的原因。文章认为国家文化维度理论假设每个国家内文化具有同一性，将文化与国家等同，这与事实相悖；对文化的理解过于狭义和简单；国家文化维度模型并非真正的文化维度，而是从社会经济学的角度出发的政治经济维度。文章建议未来理论的发展和研究方法的选择可以跳出国家文化维度理论的研究框架，建立包含会计社会属性的理论及多种数量模型。

Rachel F. Baskerville-Morley(2005)总结了理论界对国家文化维度理论的批判，再次指出其以国家作为研究单元、维度简单化等问题，并指出 Hofstede 在其第二版书中未能解决的相关争议。

Chris Patel(2003)考察了跨文化背景下"内部揭发"(whistle-blowing)作为管理控制机制的使用和被接受程度。发现由于国家文化的不同，澳大利亚会计师比印度和马来西亚华人会计师更倾向于接受和使用"内部揭发"作为一种控制机制，进而建议控制系统的设计需要考虑经营所在地的文化因素，建立融入当地文化价值的控制系统。

Carlos Ramirez(2001)通过研究法国 1920—1939 年的会计职业化进程，试图说明职业形成和社会屏蔽过程如何依赖其所处的文化环境，并根植其中。认为第二次世界大战前法国会计职业化失败的原因在于会计师在职业领域内难以达到跨越等级的合作，专业领域未能取得足够的社会声望以及会计这一职业与当时的社会环境格格不入。

Yin Xu and Xiaoqun Xu(2008)探讨 20 世纪初中国本土银行会计的分类和银行会计术语的标准化进程，得出结论：银行领域内积极活动者的社会惯习(habitus)、文化资本、行业内不同参与者之间的合作和博弈、行业与国家的相互作用共同推动了 20 世纪初中国本土银行会计的现代化实践进程，这一过程中新兴的现代银行逐渐取代本土钱庄成为中国银行业的主导，但与此同时现代银行也最终被国家力量控制。

2. 管理控制中的文化议题

Graeme L. Harrison, Jill L. Mckinnon(1999)回顾了15年间英文期刊中关于管理控制系统的跨文化研究文献,从中发现目前的研究缺陷:理论上缺乏对文化的全面考虑;缺少对不同国家文化规范和价值差异程度的明确考察;对文化的理解过于简单化;过于依赖文化的价值维度概念从而导致研究的局限性。同时指出,对于管理控制系统除了传统的正规化、集权化等方面的考察外,还应扩展到组织运营能力的其他方面,譬如组织学习和风险承担等。

Chee W. Chow, Michael D. Shields, Anne Wu(1999)通过对中国台湾的6家电子类企业高级管理层的问卷调查研究国家文化差异对公司管理控制系统的设计及员工对其偏好的影响,管理控制系统从预算、集权或分权、绩效评估及奖励等七个方面衡量。研究证实:总部在美国和日本的企业设立在中国台湾的分公司根据台湾地区的文化来调整其管理控制系统,员工对管理控制系统的偏好也同样根据当地文化进行调整,以做到文化适应。

Chong M. Lau, Christen Buckland(2000)基于对挪威企业的调查,试图检验Brownell and Dunk(1991)和Lau et al.(1995)分别在澳大利亚和新加坡进行研究得出的关于预算重视程度、预算参与及任务难度三者对企业管理业绩的影响的结论对挪威企业是否仍然成立。检验结果证实了任务难度较低的情况下,高预算重视程度和高预算参与度的结合能够促进管理业绩,而在任务难度较高的情况下却没有支持先前的结论。作者还关注了其他利用国家文化维度理论进行的研究中被忽略的国家内部文化多样性的问题,发现挪威国家内部文化多样性较低,同质性较强,因此其预算参与度普遍较高,离散程度较小。

John J. Williams, Alfred E. Seaman(2001)关注国家文化和行业对管理会计和控制系统的影响。通过对新加坡的制造企业的调查研究得出结论,认为行业、规模、组织容量、竞争强度和文化中的集权程度共同决定企业的管理会计和控制系统。

Chee W. Chow, Graeme L. Harrison, Jill L. McKinnon, Anne Wu(2002)以中国台湾地区的台湾本地事务所和美国事务所台湾分所为样本,研究会计师事务所的组织文化。研究表明:① 美事务所在台分所的组织文化受到美国文化的主导影响,台本地事务所则反映台湾本土文化;② 事务所员工对文化的选择偏好与组织文化的一致性能够促进其组织贡献、工作满意度及忠诚度;③ 事务所内组织文化具有同质性,不受不同业务单元的影响;④ 员工职位的高低影响其对组织文化的感知。

Wim A. Van der Stede(2003)通过对总部设在比利时的37家公司的153个海外业务单元的问卷调查获得数据,从预算控制和激励系统两个方面研究跨国企业的管理控制系统。结果证实跨国企业海外业务单元的管理控制系统较少根据当地文化做出调整,而是更多的受母公司影响,表现出企业内部的一致性。

Priscilla O'clock, Kevin Devine(2003)指出美国跨国企业经常简单地把自身的绩效评价系统输出到东道国的战略业务单元,而忽视东道国的文化因素,造成非最优决策、目标不一致和短期导向。文章建议应当将战略和文化因素结合考虑以决定国外战略业务单元的绩效考评方式。

Kevin M. Baird, Graeme L. Harrison, Robert C. Reeve(2004)从组织和业务单元文化因素的视角研究作业管理实践。利用Gosselin(1997)的研究结论,将作业管理的使用程度由低到高分为三个层次:作业分析、作业成本分析和作业成本计算;组织因素包括规模和成本信息的决策有用性;业务单元文化维度,包括创新、结果导向和紧密/宽松控制三个维度。研究结果证实了所有的组织因素和业务单元文化维度都与作业管理实践相关,其中规模和三个文化维度与作业分析和作业成本分析相关,成本信息的决策有用性、结果导向和紧密(宽松)的控制与作业成本计算相关。

Jean-Francois Henri(2006)基于对加拿大制造企业的问卷调查,考察组织文化与绩效评估系统的关系,重点探讨控制(control)或柔性(flexible)价值观主导的组织价值观对绩效评估系统的设计及使用的影响。研究结果显示柔性价值观占主导的公司的高级管理层倾向于利用绩效评估系统进行聚焦组织注意力、支持战略决策和合理化行为,并倾向于采用多种评估方法。这意味着柔性价值观主导的公司能够更好地将绩效评估系统融入组织流程以及使用多样的业绩指标。

Sujoko Efferin, Trevor Hopper(2007)对一家印度尼西亚华人公司进行实地调研,从社会文化的角度探讨印尼华人公司的管理控制。与之前的研究结果一致,该文证实了华人雇主倾向于利用人事和行为习惯控制、低预算参与、集权、主观化控制、团体奖励机制进行内部管理控制,但民族关系的紧张、华人受歧视的地位以及出于商业原因的考虑促使华人雇主做出违背其自身文化倾向的行为。

作者提议应跳出国家文化的范畴，研究国家内不同民族文化的多样性，将文化与政治经济背景结合进行动态研究。同时作者提出，文化和民族身份的定义及识别不能仅从生物学角度考虑，身份的识别应当是主观的、动态的、复杂的和不稳定的。

Thomas Ahrens, Massimiliano Mollona（2007）对谢菲尔德一家钢厂冷热水部门的基层车间进行实地研究，引入人类学的视角和方法，提出将组织控制作为文化实践进行考察的观点，将组织控制定义为管理层之外的组织成员的想法和行动引起的实践后果。认为不同车间组织文化的差异由不同的组织控制构成，组织文化依赖于实践。组织控制比管理控制的内涵更广，提供了更广泛的研究范畴。

Marko Jarvenpaa（2007）基于在企业的长期案例研究，探索出一个管理会计文化变革的理论框架：管理会计文化的变革是由正式和非正式因素的共同介入影响完成的，其中正式的介入包括结构变革、会计信息系统的发展、正式的价值陈述，非正式介入包括角色塑造、榜样树立等方式，证实了会计是一种文化现象，并根植在组织之中。

J. Gregory Jenkins, Donald R. Deis, Jean C. Bedard, Mary B. Curtis（2008）系统地回顾了理论界对于会计师事务所组织文化以及治理的研究，发现研究中被忽略的方面，提出一些对未来研究课题的建议。例如，在萨班斯法案颁布后，在新的审计环境下探究传统的员工文化适应机制的有效性是否发生改变；事务所是否改变其组织方式以更好地进行质量控制；奖惩机制如何在合伙人和普通员工之间平衡；会计师事务所的会计专业背景员工和非会计专业背景员工经历的文化适应过程的差异等问题。

Anette Mikes（2009）通过对两家公司的实地研究将企业的计量文化与风险管理模式联系起来，研究认为具有热衷于定量分析的理想主义型计量文化的企业多依靠数字进行风险管理，并且数字代表了经济实质；而具有对定量分析持怀疑态度的实用主义型计量文化的企业多采用整体的风险管理方法，认为数字代表的是一种趋势，注重从趋势信号中探究内含的风险水平。

3.4.3 基于文献的启示

通过文献回顾，可以发现西方管理会计中跨文化研究的特点和趋势，对跨国公司内部管理控制系统在跨国经营下对不同文化适应性的关注、对 Hofstede 理论的探讨成为主流，并且越来越多的研究开始跳出管理会计研究的传统视角，这些都为我国管理会计领域对于文化议题的探讨提供了不少启示。

第一，高度重视管理会计系统中“文化”问题的研究。西方文献已经表明各类研究都证实了组织管理深深根植于文化之中，产生于一种文化土壤中的管理方法并不一定适用于另一种文化环境，管理控制系统只有与当地或特定环境及组织的文化价值观相符合，才能确保高效运营。这些年来，我国管理会计的理论与实践特别重视管理会计“技术”或“工具”问题的研究，如预算控制、绩效评估、激励机制、集权或分权、平衡计分卡、EVA、TQM（全面质量管理）等，但是这些“技术”所涉及的“软环境”尤其是“文化”的关注度远远不够。其实，所有管理会计“技术”工具的有效导入都离不开“文化”的配合。

第二，对文化维度理论的更全面的检验及“中国化”发展，重视研究方法的多样化与分析量表的本土化问题。Hofstede 建立了国家文化维度理论之后，西方学者利用他的模型进行不同国家文化下的实证研究，通过实证数据对其理论进行检验，构成了近十年的研究的重要部分。利用其理论进行的研究非常广泛，从东亚到北美，从北欧到澳大利亚，研究的管理控制系统包括预算控制、绩效评估、薪酬管理、激励机制、集权或分权等，深入到管理控制的各个方面。这些研究的结论并不一致，并且只能证实文化维度的一部分而不是全部，譬如 Chong M. Lau, Christen Buckland（2000）的实证研究仅证实了权力距离和个人主义对预算控制的影响，并且由于国家文化维度模型没有考虑到国家文化差异性或同质性因素，其研究结论与前人在以其他国家企业为样本的研究中的结论有很大的不同。我国目前的跨文化研究中对于国家文化维度理论的使用也非常广泛，但缺乏独立的思考和批判性研究。我们置身于特定的中国文化、历史、制度及民族等情境之中，提供了对文化这一复杂现象更加深刻的理解，如我国社会组织中的某些传统文化因素，如对权威的尊重、集体主义、面子和关系等肯定会对组织行为、管理会计议题产生重要影响。因此，开展中国情境的管理会计“文化”研究迫切需要开展大量探索性基础工作，包括在西方已有量表的基础上，构建本土化的组织文化测量量表，明确测量维度和确定具体的测量项目。

第三，立足于不同国家和不同组织内部两个文化维度上研究管理会计的“文化”问题。在西方文献中，管理会计中的文化研究既有基于 Hofstede 建立的国家文化维度的研究，又有基于组织层面文化的研究。譬如前述中 Wim A. Van der Stede(2003)对跨国公司国外事业部文化适应性的研究,试图解决文化差异引起的跨国企业国外业务单元的内部控制系统问题,探索出与不同文化背景相适宜的不同的管理控制系统,避免矛盾与低效。其实,同一国家不同组织的文化差异也是显而易见的,管理会计研究不能忽视不同组织的文化差异。例如,前述中 Thomas Ahrens, Massimiliano Mollona(2007)研究组织文化与组织内部成员行为实践的关系,Anette Mikes(2009)研究组织层面不同的计量文化偏好对风险管理方式的影响。相对于国家文化的宏观性和概括性,一个组织的文化更加细微、多变和具有较强的个体差异性。所以我们应该联系我国不同企业的具体背景,全面考察管理会计实践中各个层次的文化差异及影响。

第四,引入跨学科的研究视角。文化这一概念的复杂性和内涵的广泛性,促使一些西方学者开始跳出传统的会计学和管理学的研究视角,而从社会学、人类学和民族学的角度出发审视文化对组织管理的影响。Carlos Ramirez(2001)和Yin Xu, Xiaoqun Xu(2008)分别在研究中运用社会学中布迪埃的文化资本和场域的理论,Sujoko Efferin, Trevor Hopper(2007)引入民族学和人类学的视角和方法,以更加全面地考察文化这一复杂概念,消除单一会计研究考察的片面性。而我国学者在研究中大都局限于传统经济学视角,建议在今后的研究中引入其他学科的理论和方法,采取多样的研究视角,弥补传统管理学研究的不足,推动对文化及相关因素更全面和更深层次的考察,这也应该是管理会计未来研究的趋势之一。

3.5 关于"供应链管理"

3.5.1 "供应链管理"的基本理论问题

市场竞争的激烈、客户的个性化需求、生产的柔性化、经济全球化使得"21世纪的竞争不是企业间的竞争,而是供应链之间的竞争",而信息化和数字化的发展使得零库存、快速反应、供应商与生产商及销售商的及时而紧密的联系成为可能,对供应链管理的研究成为广大理论研究者和企业管理者关注的热点问题。简单归纳,关于供应链的已有研究成果主要集中在以下几个领域:

1. 供应链系统的构建和运作模式

学术界试图给出一个供应链管理框架,如 Vidal and Goetschalckx(1997)对战略性供应链设计的模型提供了详细的总结；Douglas M. Lambert, Martha Cooper and Janus D. Pagh(1998)供应链系统和供应链管理应有七方面的业务流程：客户关系和客户服务管理、需求与供应能力管理、客户订单接受与履行管理、生产流程最优化运营管理、采购和供应商的关系管理、上下游产品联合开发管理、退货和废旧回收物流管理。相关研究与实践旨在解决如何构建一个和谐的供应链系统，使供应链上具有不同功能、处于不同地域的多个企业协同运作，重构作业流程，快速满足客户需求，实现供应链管理的战略目标。

2. 供应链关系管理

主要关注供应链成员企业为实现共同的利益目标而增强伙伴间的关系的管理问题，包括供应商关系管理和客户关系管理，前者关注如何建立伙伴关系，后者强调合作创造客户价值。研究发现供应链企业成员建立相关的管理部门，积极进行关系管理对其业绩有显著的影响(Dyer et al.,2001;Handfield,2000)。

3. 供应链生产管理

运用系统论、协同论、精细化生产等理论，研究供应链管理的集成化的生产计划、控制模式和支持系统，实现生产流程的最优化，而如何建立供应链管理环境下生产系统的协调机制，更是引起广泛的关注。

4. 供应链采购管理

供应链上的采购是基于供应链成员之间的信息沟通和相互合作，共享采购供需双方的数据，消除组织间的障碍，消除供应链上的一些非增值作业，降低供应链整体成本，从而提升价值。

5. 供应链库存管理

不同于单一企业库存管理或者“零库存”追求，供应链库存管理是基于供应商、制造商、批发商、零售商等供应链所有成员组织的整体库存的视角，对供应链整体库存进行规划、控制和协调，减少链条上库存的不确定性，在降低供应链成本的同时还要保障供应链的稳定性，换言之，就是将供应链库存管理作为一种战略武器，通过降低成本或提供更好的服务创造竞争优势(Neale, Tomlin and Willems,2002)。

6. 供应链绩效评价

已有的研究证明，供应链管理和股东价值密切相关(Singhal and Hendricks, 2002)，主要关注根据供应链管理特征，构建跨职能部门和跨企业的业绩评价体系和激励系统,促进供应链整体价值的提升。

7. 供应链信息支持

供应链管理不仅需要处理企业内部信息,还需要解决大量的企业间的协调信息和数据,因此供应链信息系统构建成为决策基础,供应链信息集成的创新方法成为供应链管理的中心内容(Lee,2000)之一。供应链信息支持的主要目的是提高信息的共享程度,用基于整个供应链的决策系统代替单个企业的决策系统,增强企业间的合作,尽可能消除信息传递过程中的牛鞭效应(Lee et al.,1997)。

3.5.2 西方管理会计在供应链管理中相关研究文献介绍

对供应链的研究方兴未艾,管理会计系统在其中会发挥怎样的作用?这引起了广大会计学者的关注,我们搜集了近十年(1999—2008)"西方会计类 TOP 期刊"的 10 篇标题中含有"供应链"并属于研究管理会计话题的文章,这些文章总结了这些研究的成果和贡献,对我国的研究和实务工作有所启示。

Willie Seal, John Cullen, Alec Dunlop, Tony Berry and Mirghani Ahmed (1999)以产业组织理论和交易成本理论为研究基础,站在中立的立场研究管理会计在两家英国企业建立战略伙伴关系的过程中起到了什么样的作用。研究表明管理会计成本数据的共享在跨组织间的谈判中发挥了非常重要的作用,有利于建立合作和信任关系;管理会计的另一个作用是在公开账簿的环境下,伙伴关系的双方可以检查另一方的收入和成本,有助于供应链管理的绩效评价。

Henri C. Dekker(2003)采用案例研究的方法,以英国大型零售企业和其大宗供应商为研究对象,分析了他们采用作业成本管理模型支持供应链的管理活动。该研究是根据组织学和交易经济学的基本理论,基于组织间的视角分析价值链上的作业活动,在供应链管理中作业成本的控制是基于组织间的成本信息共享的数据,主要体现在三个方面:一是用于业绩分析,既包括单一供应商的业绩,也包括整个供应链(网络)的业绩;二是用于计量供应链改变的影响;三是实时监控供应链成本状况,关注过程管理。研究结果表明,只要有足够的信任和管理,是可以采用作业成本法实现供应链管理目标的。

Willie Seal, Anthony Berry, John Cullen(2004)基于社会学的行动与结构的二重性原理,对一家英国的电子产品制造企业进行案例分析,研究组织间的会计产生和发展,他们认为会计是供应链管理系统中的组成部分,与系统的其他组成(市场、采购、运输等)相互支持和服务,会计应该被视为一种一系列的组织制度在企业内部和企业间的运用，而不是被分成财务会计和管理会计，而组织间的会计信息是供应链契约的产品，组织间的会计问题不在于会计技术的不足，而是所存在结构的问题（比如各自战略、市场占有能力等），结构理论使得研究者需要注意成功的供应链管理（如丰田）的历史和制度背景。

Alnoor Bhimani, Mthuli Ncube（2006）通过构建模型研究发现，企业通过网络技术拓展虚拟供应链，有效整合供应商关系，可以获得经济效益，但这种虚拟整合成本随着供应商的增加而增加，决定扩大或者放弃与其他企业或伙伴之间的联系需要基于成本效益原则对时机进行选择，整合虚拟供应商需要考虑组织的信息系统成本、安全风险和战略优势等因素。

Habib Mahama（2006）对澳大利亚的矿业和资源企业进行了问卷调查，研究探讨供应链管理中两种管理控制系统（绩效评估系统和社会化过程）和组织间合作的关系，以及如何转化到战略供应链管理之中。研究结果表明绩效评估系统在三个维度（信息共享、解决问题、适应变化的意愿）激励合作，并能刺激业绩的提升，以及证明合作的三个维度（解决问题、适应变化的意愿、权力的抑制）和供应链业绩之间的正相关关系。

Paula M. G. van Veen-Dirks and Peter J. A. Verdaasdonk（2006）代理理论和组织设计理论，采用案例研究的方法（选择了高科技供应链和食品供应链）分析了管理控制系统对供应链管理的影响，当企业的管理控制系统不支持供应链管理的目标时，管理控制系统无法反映供应链管理的复杂和多面性，因此企业的管理控制系统需要进行调整，如使用共同的供应链战略作为管理控制系统的基础、调整决策权、重新设计相应的业绩衡量体系等，从而使供应链管理目标得以实现。

Anil Arya and Brian Mittendorf（2007）通过严格的数学模型的推演讨论了供应链中的转移定价问题，证明了当企业依赖外部供应商时，经常与之讨论转移价格会逐渐获取收益，也就是说企业的战略业绩不仅仅取决于生产环节和下游的竞争，也将从供应链的上游参与中获取好处，因而站在公司的角度来看，实行分权制所带来的竞争有利于降低供应价格。

Clinton Free（2007）历时三年两个月采用实地研究的方法研究了英国零售行业供应链会计的实践活动，以客户为中心的分类管理形成了英国零售业供应链管理的主要框架，在这一过程中管理会计工具大量参与，包括公开账簿、联合业绩评价、管理控制系统、预测和预算、客户收益分析、存货管理、利润分享等。管理会计方法的使用是权变的,不同的背景下各方法的意义有所不同。

Wai Fong Chua and Habib Mahama(2007)研究的目的是调查长期的供应链组织间联盟绩效管理中会计控制的运用,采用长期实地研究的方法探讨基于网络视角的组织间联盟的特征(如行业、治理结构、对外投资、供应原则等)对会计选择的影响,主要关注三个问题:一是把联盟定义为一个行为网时,会计的运行和功能的网络效应;二是关注会计控制以何种方式成为构建秩序和解决争议的通道;三是在供应链绩效管理中,会计不仅仅是技术手段。

Clinton Free(2008)认为主流经济学和会计理论强调个体利益,忽视了对组织间信任的研究,在对英国零售业进行了长期的实地研究后,会计研究和会计的实务工作都需要对供应链管理中的信任和信任价值进行规范,在供应链管理中被很多企业或研究所提倡的"公开账簿会计"(open book accounting)不是越多越好,若过于强制地被采用还可能导致更多的管理会计信息操纵,该研究给出了一个会计系统和组织间信任的概念框架,认为一些管理会计根据如公开账簿会计、组织间联合业绩评价有时会削弱企业间的信任关系。

3.5.3 对中国管理会计理论与实践的启示

对西方(主要是欧洲和北美)近年来关于供应链管理中的管理会计问题的研究成果进行回顾与梳理,对我国会计学者今后的研究和企业的实践具有一定的启示:

第一,研究视角的拓展。前面的相关文献有一个共同的特点,就是都采用了交叉学科的研究视角,其中涉及了组织学理论、行为学理论、分类管理理论、代理理论、交易成本理论等,甚至有两篇文章是以社会学、心理学的相关理论为研究基础,使得研究的理论平台和背景大大拓展,开阔了管理会计研究者的研究视野。

第二,研究内容的扩充。纵观现有的文献,我们发现一些传统上不属于会计研究领域的内容,随着研究环境从单一组织内部发展到组织间,逐渐成为管理会计研究的重要组成,比如对信任和信任价值的界定、社会结构和网络供应链业绩的影响、虚拟供应链的整合、信息共享等,这就意味着在供应链管理的过程中出现的组织创新、制度创新和方法创新为今后管理会计的研究开辟了新的领域。

第三,研究方法着重实地研究。由于管理会计的研究局限于数据获取的困难，一些科学的研究方法的使用受到限制。近年来计量经济学在动态数据处理方面不断发展，用于财务、会计问题的分析逐步增加，但我们发现近年来西方关于管理会计在供应链管理中的应用的研究文献中没有一篇文章采用大样本的研究，主要的研究方法都是实地研究（10 篇中有 8 篇），事件跟踪的时间比较长，案例的挖掘比较深入，研究数据讲究多种渠道的相互印证，与相关人员反复沟通，通过长期观察来研究供应链管理中管理会计系统的发展变化。

3.6 西方管理会计中“行动者网络理论”议题研究评述与启示

近年来，行动者网络理论（actor network theory，ANT）在国外管理与会计研究中得到了越来越多的重视，学术界不断涌现出一些行动者网络理论在会计系统设计和推广等方面的运用成果。ANT 关注社会—技术网络中的利益相关者（stakeholder）或行动者（actor）如何共同塑造技术形态、社会扩散和地理特征，是一种描述行动者相互作用、联系和影响的典型的质性研究方法。相对于国外关于行动者网络理论的探讨与运用的丰硕成果，国内学术界目前发表的关于行动者网络理论的研究成果明显偏少，主要出现在市场营销、物流管理、金融服务等方面（林善浪等，2009；陈仁川等，2010），会计领域内基本没有。不少学者对于这一方法的运用尚存在诸多问题与困惑。有鉴于此，本部分将结合国外基于行动者网络理论的管理会计研究成果，对国内行动者网络理论的研究与运用提出相关的可行性和探讨，以便为正确、规范地使用这一方法提供借鉴，通过推动行动者网络理论和方法的运用促进中国管理会计研究的发展。

3.6.1 行动者网络理论（ANT）的核心内容

行动者网络理论是由法国社会学家 Michel Callon 和 Bruno Latour 提出的社会学研究方法，又被西方学者描述为物质—思维（material-semiotic）研究方法，该理论探讨了人与非人行动者之间相互作用并形成的异质性网络，认为科学实践与其社会背景是在同一过程中产生，并不具有因果关系，它们相互建构、共同演进，并试图对技术的宏观研究和微观研究进行整合，并把技术的社会建构向科学、技术与社会关系建构扩展。该理论的核心内容包括以下几点：

1. 行动者

在 ANT 理论中,行动者(actor) 被分为人类行动者(actors) 与非人的存在或非人物体(actants),后者包括思想、技术、设备等诸多非人物体。行动者必须到行动的过程中去寻找,亦即行动者必须在网络中行动。

2. 广义对称原则

广义对称原则(generalized symmetry principle)指在行动者网络中应以完全平等的方式对待人类行动者(actors) 与非人物体(actants),又称对等性原则(the symmetry principle),这是 ANT 理论中的核心原则。行动者可以指个人、单个组织以及组织群,非人物体包括物质资料、金融资产以及社会资本等。网络的形成是由于参与活动的行为主体在主动或者被动的参与活动过程中,通过资源的流动,形成了一些彼此之间正式或非正式的关系(Hakansson,1987)。从这个角度讲,网络是各行为主体在交换资源、传递资源活动中发生联系而建立的各种关系的总和。该理论的倡导者认为过去的社会科学大部分以人为中心,而在以人为中心的社会科学中,又清楚地分为自然/社会、人类/非人类的二元论述,但是这样的划分并不适合用来思考和研究现实世界,因为现实世界中含有许多不同的非人类(the various nonhumans)。广义对称原则打破了以人类行动者为核心的原则和以人为中心的传统思维。

3. 转译

转译(translation)概念是 ANT 理论的中心,它反映了行动者之间相互作用的途径和行动者网络形成的过程。行动者网络中的行动者总是不断地通过自己的语言将其他行动者的兴趣与问题转换出来,从而对被转译的行动者进行界定。Callon 在其研究成果中指出了行动者网络转译发生的四个时刻,包括:问题化(problem asation),行动者网络中的主要行动者(prmiary actor) 试图通过这一方法将自己设置为整个网络和其他行动者之间的必经之点(obligatory passage point),从而进一步巩固自身的主导地位; 兴趣引导(interessement),即主要行动者通过多种沟通连接方式引起其他行动者的加入兴趣,从而强化其他行动者在问题化过程中所界定的角色;招募(enrolment),即其他行动者接受在兴趣引导过程中界定的角色并成为成员;动员(mobilization),即主要行动者调动相关资源,使得相应社会科学网络中的行动者能够充分行使各自角色,从而代表行动者网络的整体质量。

行动者网络理论打破了基于自然和社会的传统二分法,进入了考察科学和社会互动的研究路线，对科学与社会的关系进行了整体论的界定，认为它们相互建构和演进，构成一张无缝之网（郭明哲，2008）。该理论认为社会才是科学活动得以实现的真正基础和深层原因，科学研究不能只停留在微观的实验室，而要站在社会这个大的视域下，采用宏观与微观相结合的动态网络分析方法，充分调动网络中人类与非人类等各种异质性要素的积极性，以促进科学研究的推进。ANT 最初被广泛用以解释社区或组织中技术的采用，后来 ANT 得以推而广之，被人们作为一种方法论进行了跨学科运用。

3.6.2 西方管理会计研究中"行动者网络理论"研究相关文献综述

我们收集的这些文章都曾发表在 2000—2009 年的西方顶级会计类学术期刊上，收集文献的标准有两个：第一，标题或关键词中含有"network"或行动者网络理论（actor network theory，ANT）；第二，属于管理会计研究领域。同时符合两个标准的文献有 10 篇文章，这些文章主要集中在 *Accounting Organizations and Society*，*Management Accounting Research*，*Accounting*，*Auditing & Accountability Journal* 等期刊。10 篇文章基本都是以案例或实地研究的方法研究了管理会计变革或某一管理会计或控制工具在组织内的推行、运用过程，按照研究侧重点的不同，可依据 ANT 理论的主要要素，即行动者网络和转译过程将文献大致分为两类，另外将两篇文献分析式研究列为第三类，即"其他"：

1. 行动者网络

此类文献主要通过实地研究的方法以某一管理会计工具在组织内部的推行、运用（或称管理会计变革）为例，以 ANT 理论为依据，重点分析了变革过程中各类行动者（包括组织内外部的利益相关者和会计系统、工具本身）相互作用并构建网络，最终促成特定变革实现的机理。不同于前期管理会计变革（management accounting change）研究以内部组织或利益相关者为分析的核心，基于 ANT 的研究更强调变革过程中技术、信息系统本身等非人物件的作用以及它与人类行动者（利益）之间的相互配合和相互适应。

Briers and Chua (2001) 运用 ANT 以作业成本法（ABC）的实施为例，研究了会计系统是如何受包括当地和全球的各种行动者组成的异质的行动者网络所影响和改变的。由于近年来各种创新管理会计工具在实践中的推广很不均衡，即相对于其他工具而言，ABC 的实施率明显偏低，即使实施 ABC 也有相当数量的组织中途放弃，作者认为对两个问题的研究尤为重要：一是会计变革的前提条件和流程到底是什么；二是鉴于一些采用了创新工具的组织后来又放弃了变革，究竟应该如何界定“成功”和“不成功”的会计变革；文章的写作目的主要是回答组织内的会计变革是如何发生的，或更确切一点，是如何生效的。作者运用实地分析的方法以某公司实施 ABC 系统并替换原有的标准成本法的四个阶段为分析对象，基于 ANT 理论解释了由异质的机器、边界物件（boundary objects）、本地及国际行动者组成的网络是如何改变组织的会计和生产经营活动的，尤其关注了本地和世界其他地域的双向互动关系，同时聚焦了不同类型边界物件在变革中的作用。

Dechow and Mouritsen（2005）分析了两家公司如何通过 ERP 系统实现管理和控制整合的过程。文章解释了 ERP 系统，不仅界定了整合是什么以及如何实现它，还建立了一个技术逻辑和基础以支持财务和非财务控制手段的执行。该文章的结论认为不能脱离技术和组织情境来讨论控制问题，否则人们永远不能获知多种不同形式控制手段的前提基础，文章还讨论了边界物件的问题，将相关人员对 ERP 的讨论作为一个“交易区域”，组织的行动者们在此区域进行协商确定 ERP 系统与现存报告系统之间的联系。

Ahrens and Chapman（2007）运用实地研究的方法通过对英国一家拥有 200 多家饭店的餐饮连锁公司进行调查，研究了管理会计在组织建构中的作用，作者重点强调了公司成员（社会行动者）将管理控制系统作为一个共享资源，积极参与其重构的各种不同方式，行动者通过各种技术性实践活动解读会计并以特定的方式为他们所认为的组织单元的目标服务，作者将这一过程称为“功能定位”（situated functionality）。基于技术性和解释性会计流程之间的相关关系，作者进一步阐释了管理控制系统塑造同时又被组织内部共同的文化、规范所塑造。研究虽然运用了有别于 ANT 理论的实践理论，但与 ANT 理论的要义相同，重点强调了行动者的技能与意愿在确定管理控制系统的规则、流程、目标等方面的重要作用。

Masquefa（2008）基于社会网络的视角研究了某跨国公司高管在其研发基地推行新的绩效测量与评价系统的过程，研究发现变革的成功主要取决于这一过程所涉及的组织成员之间的关系性质。由于绩效测量与评价系统与生俱来地容易引发争议，“信任”以及成员之间的强弱关系就成为降低变革过程不确定性、促进新制度执行的关键因素。研究还指出财务经理在组织网络中的相对地位也显著影响着颇具争议的组织变革（如绩效测量与评价系统更新等）的成败；最后研究认为社会网络分析是研究组织变革中关系模式的有效方法。

Xu and Xu（2008）描述了20世纪初中国上海银行协会第一次开始实施银行会计标准化分类和术语并随后被所有银行采纳的实践过程，通过回顾发现，这一标准化的过程并非只是会计方法更新的问题，它也涉及一些社会行动者，如特定政治、经济、社会、文化背景下中国现代银行家和中国本土银行家之间的政治关系变动等。作者进一步深入研究了在社会行动者激烈竞争的中国银行业统一的银行会计分类与名词是如何通过的，经济资本、文化与社会资本是如何相互作用最终导致权力关系发生变化的等问题。文章揭示了看似纯技术性的西方会计概念引入中国后，文化资本同其他经济资本、金融权力等在中国银行业的社会行动者之间发生变化和转移，同时也阐释了现代银行家如何与政府交往，并在当时政府相对弱势的情况下达到自己的目的。

2. 转译过程

第二类基于ANT的研究重点关注了在行动者网络形成过程中的转移及方式，主要通过实地研究，解释了管理会计系统和工具在变革过程中如何利用自身优势（简洁、清晰地展现变革对个人、组织得失的影响）通过兴趣引导、招募和动员等转译阶段促成异质网络形成的。

Lowe（2000）基于ANT理论以新西兰北部某大型地区医院为改善现有问题而推行的“临床导向的预算”项目为背景，研究整个变革的实施过程，其目的是对过程及其发展做出合理、清晰的解释。文章沿用Latour（1987）的观点，认为组织变革是一个转译的过程，变革需要在组织范围内形成一个由人类行动者和信息系统共同构建的综合网络来支持，其中会计等相关信息系统这类技术因素在变革过程中对于动员、引导和招募等活动起到了至关重要的作用。实施混合病例会计不仅仅是一个事后模型化的活动，它更涉及执行一套复杂的会计信息系统以便为临床导向的预算系统提供所需信息。传统的会计技术被解释为一个黑箱，它用经济术语重新界定组织，事实上，会计技术在变革过程中可以充当转译工具，成为变革过程的核心部分，通过会计技术，行动者们更清楚地了解到相关部门的成本与收益，进而被招募进变革的过程中，由变革支持者以及行动物组成的网络逐渐强大，变革最终被大家接受。对于会计系统这一非人行动者在帮助组织获得更广泛的社会目标时所发挥的构建作用，Lowe（2001）随后又在另一篇文章中进行了专门、深入的论述，更加强调了会计系统自身作为知识物（knowledge object)的构建作用,并指出已有研究仅仅关注会计系统周边的社会性互动而忽略设备、技术等影响的不足。

Alcouffe, Berland and Levant(2008)运用ANT理论研究了管理会计创新工具的推广过程,作者认为现有的实证研究大都选择忽略对管理会计创新工具的推广有着重大影响的政治斗争和合理性问题,仅仅关注了技术层面的问题(Baxter and Chua,2003),作者的初衷是弥补这一缺陷,以使人们更好地理解会计变革的本质。作者将管理会计创新工具的应用视为行动者网络建构和转译的过程,认为管理会计创新工具得以推广是因为这些工具转译了变革、吸引了各种不同群体行动者的兴趣,这些人都正在寻求维持其在组织和社会上的地位及影响力。行动者们可以利用会计创新工具制造一些"名头"并使其服务于自身利益。文章运用ANT理论,描述和分析了两种不同的管理会计创新(GPM和ABC)在法国推行后的截然不同的命运,特别关注了推广实施过程中行动者网络之间的动态反映,揭示了问题化、兴趣引导、招募和动员等是如何在推广过程中采取多样的,甚至是令人意想不到的形式发生的。文章结论认为创新工具的技术特征不足以解释其推广"成功"或"失败"的结果,会计变革的过程既不是线性的也不是可以预见的,其中行动者网络之间的交互作用和动态关系(如网络成员关于决定使用或不用新工具之间的争论以及成功地吸引或招募其他行动者等)才是关键。

3. 其他

第三类文献主要运用文献分析的方法对ANT理论在管理会计研究中的应用做了回顾和评述,强调了ANT视角的独特性以及对管理会计实践的理论化所作出的贡献,同时也倡导对ANT理论的改进及在研究中的进一步运用。

Lowe(2001)全面分析研究了ANT理论对会计领域案例研究可能的贡献。文章试图解释ANT的理论假设到当时为止并没有对会计研究产生多少影响,同时会计文献似乎也刻意回避和拒绝ANT将人和非人、社会和技术因素等置于一个分析框架的核心理念中。文章通过对一个研究项目(该项目运用同时关注人和物的方法使读者明白事实的由来)的讨论,强调会计的细节是组织内部实践化的结果,同时人类行动者和技术等相互影响的方式在组织内部构建了网络。

Ahrens and Chapman(2007)对ANT理论在管理会计研究中的应用进行了回顾和评述,文章指出很多当代和历史会计文献都指出人们通过各种不同的方式将社会秩序、规则蕴涵在特定的会计实践中,并解释了会计在组织和社会建构中的作用,同时进一步回顾阐述了 ANT 理论为管理会计中实践的理论化作出的重要贡献。文章重点回顾了一系列基于 ANT 理论研究不同国家医疗系统预算的文献,并得出结论认为这些研究证明了行动者、行动本身对社会秩序构建的重要意义,凸显了管理会计系统动态的、易变的特性,不同于其他理论视角的研究,ANT 研究的独特之处在于试图纠正组织内一些正式目标的优先特权,实际上正式目标本身也是网络构建的一个结果,由于 ANT 理论不给网络中任何节点以优先特权,正式目标也不具有独立于构建细节的重大影响。作者发现近年来的管理控制研究更多的是受到 ANT 理论的启发,而非对 ANT 的直接运用,同时文献研究丰富和发展了 ANT 理论。

根据对上述文献的回顾和梳理,管理会计研究中有关 ANT 的研究成果可归纳为表 3.5。

表 3.5　管理会计研究中有关 ANT 的研究成果

研究问题	主要研究成果	代表性论文
行动者网络构建	基于 ANT 理论解释了由异质的机器、边界物件、本地及国际行动者组成的网络是如何改变组织的会计和生产经营活动的,尤其关注了本地和世界其他地域的双向互动关系,同时聚焦了不同类型边界物件在变革中的作用。	Briers and Chua (2001)
	该文认为不能脱离技术和组织情景来讨论控制问题,否则人们永远不能获知多种不同形式控制手段的前提基础,文章还讨论了边界物件的问题,将相关人员对 ERP 的讨论作为一个"交易区域",组织的行动者们在此区域进行协商,确定 ERP 系统与现存报告系统之间的联系。	Dechow and Mouritsen (2005)
	虽然运用了有别于 ANT 理论的实践理论,但与 ANT 理论的要义相同,重点强调了行动者的技能与意愿在确定管理控制系统的规则、流程、目标等方面的重要作用。	Ahrens and Chapman (2007)
	研究发现变革的成功主要取决于这一过程所涉及的组织成员之间的关系性质。"信任"以及成员之间的强弱关系是降低变革过程不确定性、促进新制度执行的关键因素。	Masquefa(2008)
	文章揭示了看似纯技术性的西方会计概念引入中国后,文化资本同其他经济资本、金融权力等在中国银行业的社会行动者之间如何发生变化和转移,最后在全国范围内形成标准化银行会计的过程。	Xu and Xu (2008)

（续表）

研究问题	主要研究成果	代表性论文
转译及其方式	会计技术在变革过程中可以充当转译工具成为变革过程的核心部分，通过会计技术行动者们更清楚地了解到相关部门的成本与收益，进而被招募进变革的过程中，由变革支持者以及行动物组成的网络逐渐强大，变革最终被大家接受。	Lowe(2000,2001)
	文章结论认为创新工具的技术特征不足以解释其推广“成功”或“失败”的结果，会计变革的过程既不是线性的也不是可以预见的，其中行动者网络之间的交互作用和动态关系（如网络成员关于决定使用或不用新工具之间的争论以及成功地吸引或招募其他行动者等）才是关键。	Alcouffe, Berland 和 Levant(2008)
其他	全面分析研究了 ANT 理论对会计领域案例研究可能的贡献。	Lowe(2001)
	对 ANT 理论在管理会计研究中的应用进行了回顾和评述，认为 ANT 理论为管理会计中实践的理论化作出了重要贡献。	Ahrens and Chapman (2007)

3.6.3 基于文献的启示

近年来行动者网络理论在国外诸多领域的成功运用暗示了其巨大的使用价值和广泛的适应性，不少西方学者甚至将现今行动者网络理论的广泛运用称为后 ANT 时代（after-ANT）。从以上的研究成果来看，行动者网络理论的研究凭借其独特的理论视角和研究范式在西方管理会计研究领域方兴未艾，该理论对管理会计变革过程的探索和解释作出了重大贡献，但到目前为止我国理论界对这一理论的关注和应用非常少。事实上，包括实施平衡计分卡、全面预算管理以及战略成本管理等在内的管理会计变革已是近年来我国企业管理的普遍创新实践，有的变革效果卓越，有的却困难重重、半途而废，成功推行的过程中到底是哪些因素在发挥关键作用，在我国企业所面对的复杂的利益关系和特殊的社会背景、技术条件下，各类行动者（人与非人）是如何相互作用构建链接网络的，最终促成新规则的建立和生效的？ANT 理论及现有成果为研究上述问题提供了一些有价值的启示：

第一，新的理论视角。上述研究成果表明创新工具的技术特征不足以解释其推广“成功”或“失败”的结果，管计变革的过程既不是线性的也不是可以预见的，其中行动者网络之间的交互作用和动态关系（如网络成员关于决定使用或不用新工具之间的争论以及成功地吸引或招募其他行动者等）才是理解变革过程与结果的关键所在。ANT 倡导一种超越学科界限的整合研究，一种技术与社会、行为普遍对等的研究出发点，以探究和还原现象的自然面貌为最终目标。

第二，新的研究方法。行动者网络理论是一种典型的质性研究方法，对于中国管理会计研究来说，认识到这一方法的潜在价值将会对推动更多高质量的 ANT 分析成果的产生，对整个研究领域的发展起到深远的作用。行动者网络理论在中国国情下的运用是对我国管理与会计领域的一种充实，同时也是对我国过分注重量化研究的研究方法的一种很好的补充。

当然，区别于量化实证研究的相对规范、统一的研究成果表达模式，质性研究成果的表达需要研究者花费更多的精力在数据和资料的整理和归纳上。由于质性研究往往采用诸如深度访谈等相对质化的研究方法，因而经常会累积非常丰富的原始数据和材料，如何合理地对这些零散、广泛的原始资料进行分析处理，从而得出一份相对清晰、完整的研究成果，是所有希望运用行动者网络理论进行研究分析的学者所面临的共同挑战和难题。

第二部分

专题研究

Accounting

4 管理控制实践和相对议价能力的动态关系

【摘要】 本文探讨了母公司对跨国合资公司采用的管理控制的特征，以及母公司的相对议价能力和重塑这些控制的方式。文章采取深入的案例研究方法，引入了一个大型中日合资汽车企业的案例，研究重点不仅包括案例企业采取了哪些管理控制，还包括这些管理控制是如何在案例企业中得到实践的。文中对管理控制多个维度间相互关系的系统性研究，不但对管理控制和跨国合资公司的现有理论作出了贡献，还由此确立了一种共享与分程并行的新的控制模式。此外，本文还提供了对管理控制随着相对议价能力的动态变化而发生渐进性变革、相对议价能力的行使对母公司之间控制程度的调和方式的首次观察。调查结果亦对如何加强跨国合资公司的管理控制有效性具有重要启示。

4.1 引言

本文对设在中国的一家中日汽车合资企业进行深入研究，重点在于中日双方合伙人对合资企业所实行的管理控制的特征，以及双方母公司的相对议价能力(baigaining power)对这些控制的动态影响。利用问卷调查方法所不具备的深入了解的优势，我们不仅观察到案例公司执行了哪些管理控制，更着重于这些控制是如何执行的。以往对议价能力模型的应用研究往往聚焦于国际合资企业的成立阶段，本研究则将观察扩展到了成立之后的运营阶段，并验证了相对议价能力的变化对管理控制的影响方式。

随着时间的推移，国际合资企业在各个行业中越来越普遍，这是科学技术的迅猛发展和对全球化战略不断增长的重视共同造成的结果(Glaister and Buckley,1994)。作为“世界工厂”而崛起的中国和其迅速增长的国内市场吸引着各方投资者。由海外公司和中国公司共同组成国际合资企业，是进入中国的重要模式之一。在汽车行业，这更是唯一的模式，因为中国政府不允许外商独资汽车企业的存在，并要求中方合伙人至少持有国际合资企业50%以上的股权。然而,实证研究表明,要管理有中国合伙人参与的国际合资企业是十分困难的(Child and Yan,2003;Cooper and Johnson,2000),而管理控制又被认为是影响国际合资企业的业绩——成功与否的重要因素之一(Child and Yan,2003; Yan and Gray,2001)。现存文献大多将研究重点集中在采用管理控制后的业绩结果和影响这些控制发展的因素(Luo, et al. ,2001;Chalos and O'Connor,2005; Chen, et al. ,2010)上。然而,为了有效地执行管理控制,我们还需要了解这些控制如何在实践中得到应用。

本研究采用了议价能力模型来检验管理控制是如何被实施,以及如何被双方母公司的相对议价能力重塑的。以往采用此模型的研究都聚焦在国际合资企业的形成阶段,并认定管理控制被影响及被决定均发生在这一阶段。这类观点认为,国际合资企业的管理者是被动的而不是积极的参与者;管理控制是静态的而非动态的系统。现有研究缺乏对一些问题的解释,如母公司的相对议价能力是否会对管理控制实践产生影响,以及来自不同的母公司的管理人员是如何在控制过程中实现合作与竞争的。

为了填补以往研究的空白,本次研究采用了深入的案例研究方法,着重从双方母公司的角度来研究案例企业的管理控制实践。我们试图解决以下两个研究问题。

问题一:案例公司采用了什么模式的管理控制? 它们是如何被实施的?

问题二:相对议价能力及其变化(如果存在)是如何对管理控制进行重塑的?

案例企业于 2003 年,由一家大型日本企业和一家大型中国国有企业共同创办,被视为"强强联合"的战略联盟。聚焦于企业形成后的运营阶段(post-formation stage),我们采访了双方母公司总部高管和各自委派的董事及管理人员,观察并收集了相关档案数据,从多个维度验证了两家母公司实施的管理控制、维度间的相互关系,以及它们被相对议价能力所重塑的方式。案例中确定了一种共享与分程并行的控制模式(a shared but split control),作为对前述研究中已确定管理模式(Killing,1983)的补充与完善。与此同时,研究还提供了对管理控制随着相对议价能力的动态变化而发生渐进性改变的首次观察,以及相对议价能力的行使对母公司之间控制程度的调和方式。我们的结论不仅丰富了现有的关于管理控制和议价能力的文献,更对如何加强对中外合资企业管理控制的有效性具有重要意义。

本文共分为六个部分。在第二部分，我们批判性地回顾关于管理控制和议价能力的理论及实证研究，形成初步的概念框架；随后讨论研究方法。在案例分析之后，第五部分就本文的两个研究问题进行探讨，得出案例的调查结论；最后一个部分总结并提出对未来研究的建议。

4.2 理论框架

依照 Yin(2009)提出的观点——这一观点后来亦为 Yan and Gray(1994)以及 Groot and Merchant(2000)所支持——案例分析应该从理论命题开始，我们基于现有文献而引入了初步的概念框架。各要素的含义及它们之间的关系如下。

4.2.1 管理控制

控制可以被定义为保护母公司利益的过程。由于国际合资企业通常由两个或两个以上的母公司参与控制，具有一定的复杂性，因此以往研究建议采用管理控制的多维度视角(Geringer and Hebert, 1989; Yan and Gray, 1994; Groot and Merchant, 2000)，这里我们主要考察三个方面，即控制机制(mechanisms)、控制程度(控制的松紧度)(extent)和控制重点(focus)。

1. 控制机制

关于国际合资企业的管理控制机制，我们可以列出一份无穷尽的清单。举例来说，现有文献强调了股份所有权和投票权的拥有、人员编制、合同、委托代理决策责任、母公司间交流以及管理人员业绩的激励(Killing, 1983; Chalos and O'Connor, 2004; Kamminga and Meer-Kooistra, 2007)。一些学者致力于为既定框架内的控制机制分类，例如积极控制机制与消极控制机制的划分(Schaan, 1983)，行动控制、文化控制和结果控制的分类方式(Merchant, 1998)。积极控制机制指那些用于促进特定行为的控制机制，它们通常是非正式的，如人员编制和参与计划过程。消极控制机制需要正式合同或由母公司正式授权，用于阻止或预防某些活动或决策的实施。由于管理控制基本是积极控制，本研究采用 Merchant 的理论框架，根据控制的目的来给控制机制分类。

现存对控制机制的研究主要集中在对控制与业绩间关系的分析。举例来说，通过研究三个欧洲合资企业，Groot and Merchant(2000)确认了合资企业协议、董事会和人事任命的行动控制，以及对财务业绩和成本核算的结果控制。Yan 和 Gray 于 1994 年调查了四个中美合资企业，发现了两种类型的行动控制：董事会成员和关键职员的任命，以及一种类型的文化控制：采用同母公司相似的管理体系。在 2004 年对中美合资企业进行实地考察与问卷调查的过程中，Chalos 和 O'Conner 将外籍人员编制、社会化实践情况、授权决策责任、母公司间的交流情况以及管理者业绩激励都囊括进了他们对影响控制机制运用有效性的决定因素的检测之中。

2. 控制程度

控制的程度最初被定义为决策过程的集中化程度。Killing(1983)定义出三种控制类型：主导控制、共享控制、独立控制。主导的程度可以通过每个母公司对不同类型决策的影响力来衡量。早先的研究支持这样一个主张，即国际合资企业若由一方母公司来主导控制会产生更佳的业绩，因为这会令它近似成为一个单一企业，更易于管理(Killing，1983)，并确保战略资源得到最有效的利用(Mjoen and Tallman，1997)。但这种主导控制政策可能会对合伙人之间的信任水平和关系质量产生一些负面影响。当国际合资企业由发达国家和欠发达国家共同成立时，外国合伙人与本地合伙人的共享控制往往会带来令人满意的业绩(Beamish，1988，1993；Child and Yan，2003；Yan and Gray，1994)。

3. 控制重点

母公司不必对所有活动都行使控制权，但是对具有重要战略意义的活动要特别控制(Schaan，1983；Geringer and Hebert，1989)。这些学者在其研究结果中提出了对分程控制风格的展望，即母公司只对国际合资企业内有限范围的活动行使主导控制权。

以往的研究还表明，施予关键领域的特定控制，可能对外国母公司和本地母公司来说都是相关的，但是全面控制仅仅对外国母公司重要(Park，1996；Tallman and Shenkar，1994)。举例来说，Luo(2001)提供了实证证据，证明了外国母公司执行的全面控制与它对国际合资企业业绩的满意度之间的关联关系，但没有找到全面控制与中国母公司满意程度之间存在联系的证据。他们认为，中国公司将目标集中于获得外国先进技术上，并不关心国际合资企业运营的整体业绩。我们质疑目前中国企业的目标及控制重点是否还停留在当时。

最初对国际合资企业控制的研究都从上述三个不同维度展开。20 世纪 80

年代末,综合研究方法应运而生,它将三种控制维度融合起来(Geringer and Hebert,1989;Yan and Gray,1994)。近期一些研究在他们对控制特征的描述中考虑进去了两个或三个维度(Yan and Gray,1994;Groot and Merchant,2000)。Groot and Merchant(2000)调查了控制机制和控制程度,他们认为母公司可以在国际合资企业中"拉紧"或"放松"各种类型的控制机制。Kamminga 和 Meer-Kooistra 在 2007 年进一步发掘了上述控制元素间的关系,并开发出了一个将控制三个维度的特征与不同的控制复杂程度相匹配的综合模型。

然而,以往大部分研究都将重点放在我们已经采取了哪些机制上,且这些机制被当做是静止的,很少探讨特定的控制机制如何在实践中运用,以及控制是如何进化发展的。此外,尽管有一些研究综合了控制的两个或三个维度,这些维度间的相互关系尚未得到系统性探讨。如第一个研究问题所言,本次研究旨在通过验证控制的三个维度的本质、演变及相互关系来填补上述研究的空白。

4.2.2 相对议价能力及其与管理控制的关系

不少学者已经运用议价能力模型解释了母公司如何运用它的资源和能力来增加其对合资企业的控制权,从而确保投资回报率,以及在与其他母公司的合作中保护自身的战略资源(Mjoen and Tallman,1997)。

议价能力的来源被分为基于背景的(context-based)和基于资源的(resources-based)(Yan and Gray,1994)。基于背景的议价能力(context-based bargaining power)主要包括谈判结果的重要性和是否存在可代替的合作伙伴。对母公司来说,谈判项目越重要,或是谈判中的可替代方案越少,它拥有的议价能力越低。根据 Pfeffer and Salancick(1978)提出的资源依赖理论,议价能力还可以从对组织间关系中的关键性资源的所有权或控制权中产生。Yan and Gray(1994)确定了基于资源的议价能力(resources-based bargaining power)的七个组成部分:技术、管理知识、全球支持、地方性知识、分销渠道、采购以及股本。这一框架将在我们的案例分析中得到应用。

议价能力对母公司施予其国际合资企业的控制力的正向影响得到了实证支持。在一项对挪威跨国公司管理人员的调查中,Mjoen and Tallman(1997)发现,母公司的相对议价能力与它们对特定活动的控制及全面控制之间存在着极大的正相关性。Yan 和 Gray 在 2004 年同样提出,母公司相对议价能力与其施加在国际合资企业运营上的管理控制程度正相关。

母公司的谈判地位受到外部因素和内部因素两方面变化的影响。环境的变化可能使一个合资企业对它的母公司来说变得更重要(或不再那么重要),从而减弱(或加强)它们的谈判地位。内部学习过程可能会使某个母公司的贡献“褪色”,进而削弱它的议价能力。Yan and Gray(1994)观察到了母公司议价能力的变化并确定了促成这些变化的几个因素,如母公司学习、合资企业能力增长、本土化、环境改变以及公司业绩。

然而,当双方母公司的相对议价能力随时间的推移而逐渐发生变化时,管理控制结构会随之改变吗?根据 Stinchcombe 和 Scott 分别于 1965 年与 1987 年提出的“组织印记”(organizational imprinting)理论,组织往往会保留它们诞生时具有的许多特征。一些研究已经为组织印记论提供了许多实证证据,但结论并不明确。尽管 Yan and Gray(1994)观察到了母公司议价能力的改变,但这些合资企业并没有发生明显的结构变动,因此结论依然支持组织印记理论。Yan and Gray(1997)比较了中美合资企业在 1990 年之前和之后的表现,并发现 1990 年之前合资企业的股权分配和管理控制结构更可能被保留下来,即使母公司的相对议价能力已经随时间发生了改变。然而,Bjorkman and Lu(2001)在他们对中西合资企业的研究中观察到了人力资源管理发生的改变。他们发现,其中一家案例公司的中国总经理,在其国际合资企业最初采用与中国母公司类似的人力资源政策后,却急于想从外国母公司引进它们的人力资源管理政策。Kaminga 的案例分析显示,制度因素,特别是政府的法律法规,不会促使管理控制模式的改变,但他呼吁对某一个控制模式内管理控制可能发生的改变开展进一步研究。

总而言之,以往的研究重点主要集中在谈判过程,即两家潜在的母公司在国际合资企业形成时期针对所有权和控制权进行协商谈判,相比较而言,很少有研究关注探讨国际合资企业运营中相对议价能力对管理控制的影响方式。一些研究注意到了母公司议价能力的变化,但并没有明确提出关于这些变化导致控制变化的证据。此外,这些研究还探讨了结构性重组和管理控制模式的转变,但目前还没有研究将相对议价能力的动态以及管理控制放在一个微尺度水平下探讨。为了填补以上空白,本次研究进一步探索了相对议价能力及其变动是否会影响到整体结构和案例公司母公司所执行的控制的三个维度,以及这些影响是如何产生的。

4.3 研究方法

4.3.1 案例选择

Parhke 在 1993 年建议使用案例分析来将国际合资企业的研究重点重新定向为对企业间合作的深入理解。一些研究者在他们的研究工作中已经采用了案例分析方法(Yan and Gray,1994; Groot and Merchant,2000)。在本次研究中,我们选取了中日合资的一汽丰田作为一个独特案例来达到我们的研究目的(Yin,2009)。详细案例描述参见下一部分。

在选择案例时我们考虑了三个因素。第一,研究仅限于中国汽车行业中的国际合资企业。出于这一行业的规模及对其他行业的影响,国际贸易平衡和就业情况等原因,汽车制造业已经成为工业化国家,如美国、德国、日本、韩国和新兴经济体,如中国经济的一个关键性元素。快速增长的中国汽车市场吸引了许多跨国汽车公司,而国际合资企业是这一行业中很常见的全球商业模式。然而,由于这一行业对经济的至关重要性,中国政府保留了对本国公司一定程度的控制权,进而影响了行业中的国际合资企业。这一制度环境和不断变化的市场状况可能会对先前在发达国家的研究或更早时期在中国的研究的有效性提出挑战。第二,案例企业必须已经维持了一段时间的运营,以便我们能够收集到相对议价能力和管理控制的动态数据。在研究开展时已经营 6 年的案例公司符合这一条件。最后一个因素,也是实践性因素,是能够获得双方母公司和他们的合资公司的访问许可。因为研究主题的敏感性,事实证明这一点非常困难。不过我们还是通过相关人员和专业人士的支持和帮助,成功地对案例公司进行了访问。

4.3.2 数据收集

本次研究所使用的数据是从采访、直接观察和档案文件中获得的。

我们对中日双方母公司的高层人员以及合资企业的管理人员进行了深入的采访,其中包括一汽总部的高管 1 名,丰田总部的高管 3 名,以及一汽和丰田派驻在合资企业的中层管理人员各 3 名。绝大多数采访采用面对面交流的形式,每一次访问平均持续时间为 2 小时,只有一个受访者采用了书面回答的形式。采访结束后,访问内容先被录音和转录为文字,然后立刻进行分析。采访后我们还通过电话和邮件来核实或收集一些补充数据。

我们组织了两次对一汽丰田和一次对丰田总部的实地考察，旨在观察它们生产体系的运营。除此以外，还收集了它们的档案数据，包括合资企业业绩的统计数据，合资企业和母公司的组织结构图、企业宣传册、出版案例描述，以及报纸、杂志和书籍中的相关报道。

4.3.3 数据分析

数据分析的过程可分为两个主要阶段。

第一阶段指案例描述和最初的编码，与实证研究的工作同时进行。我们首先展开对案例的描述，然后再通过初步理论框架将数据编码归类。多来源证据的使用使得这一阶段的数据三角验证得以实现。举例来说，我们可以将中方经理和日方经理的采访数据，以及档案中的数据进行比较。模棱两可的部分则可以通过进一步工作的展开来使之明晰化，例如通过电话和邮件与受访者联络。

第二阶段是指最终编码和理论化。此阶段应用了模式匹配和时间数列分析（Yin,2009）。

4.4 案例分析

在前述理论指导下，本小节将通过案例分析展示相对议价能力的来源以及母公司对合资公司的控制。

4.4.1 案例公司的建立

一汽丰田作为一家大型合资公司，由中国的第一汽车集团有限公司和日本的丰田汽车有限公司共同成立于2003年。中日双方各占50%的总股权。一汽丰田占地161万平方米，注册资金人民币33亿元，拥有上万名员工，目前最大的生产力为每年42万辆汽车。

一汽始建于20世纪50年代，目前是中国最大的汽车公司之一，旗下有28个全资子公司和18个多数股权的合资公司，其中还有两家跨国合资公司。该集团还拥有“红旗”和“东风”两个创建以来一直被视为国家骄傲的品牌。

丰田汽车公司是一家总部设在日本的跨国公司，同时也是世界上最大的汽车制造商之一。它在世界范围内拥有522家子公司，并在世界各地都设有工厂，为当地的汽车市场制造或装配车辆。丰田长久以来在业界处于领头羊的地位，操作和管理模式也被称为“丰田模式”。

然而,丰田公司在中国汽车市场上算是“后来者”,因为行业内其他四家第一梯队的跨国公司已经早在20世纪80年代就开始与中国公司合资制造轿车。而丰田直到2000年才建立了它与中国的第一家合资轿车制造公司“天津丰田”,并且合作对象在中国属于“三小”行列。之所以这样做是出于控股权的考虑,他们嗅到了中国潜在的庞大汽车市场,但又不想在进入中国市场时失去对合资公司的主要控股权。然而不久丰田公司便意识到,继续与小公司合作并不会达到预期的快速的业务增长速度,原因有二:第一,中方合作伙伴只有生产小排量汽车的许可(1.6升或以下)。第二,中国汽车业受到严格的政府控制并且大型汽车制造公司都享有政府的优惠政策,因此,与小公司合作使丰田自身陷入不利的境地。但此时为时已晚,因为丰田在中国已经有了两家合资公司,根据中国政府的严格规定,外国汽车公司是不能在中国有超过两家的跨国合资公司的,也就是说此时丰田不能再在中国成立新的合资公司了。

与此同时,一汽想同丰田发展战略伙伴关系,原因如下:① 一汽一直以来雄心勃勃地想要发展自己的品牌和产品,进而通过成立合资公司学习相关知识就成了一项战略选择。② 一汽早在20世纪70年代就开始学习丰田公司的生产和管理模式,但一直未成功。通过成立合资公司也许会让学习事半功倍。③ 目前一汽仅有一家跨国合资公司,它想通过成立另外一家来减轻对第一家的依赖性。

最终,一汽合并了“天汽丰田”,与丰田成立了一汽丰田。在双方各自利益的驱使下,一汽和丰田共同促成了这一战略合作伙伴关系。

一汽丰田自2003年成立至今一直都十分成功。其年生产量从5万辆增长到42万辆,年均收入和利润增长约6倍,实现了5年内销量破百万这一傲人的数字。母公司双方将2010年的市场份额目标定为10%。虽然受到经济危机的影响,其在中国的市场份额还是达到了6.5%,并在2008年位居行业第四。

4.4.2 两家母公司间的相对议价能力

根据基本理论框架,我们分别从两家母公司的角度调查了其议价能力的来源,并确定了基于公司背景的来源(context-based sources)和基于公司资源的来源(resource-based sources)如下。

一方面,一汽和丰田在合作成立一汽丰田之前的情况使得两者基于背景的议价能力趋于对等。如前所述，一汽和丰田在选择合作伙伴的问题上都没有太多的选择，一汽丰田的成立对双方均极其重要。具体来说，丰田追求拥有更多股权比例和高度控制，而中国政府规定国外母公司控股权不得超过50%的政策减弱了丰田在中国成立国际投资企业的兴趣，进而降低了一汽的议价能力。然而，不断发展壮大的中国市场又使得丰田十分重视成立中国国际投资企业，同时降低了丰田的议价能力。总之，从可替换选择的多少和公司的战略重心的评估结果来看，两家母公司是相同的。

另一方面，丰田拥有更高的基于资源的议价能力。对双方进行访问后我们了解到，丰田所贡献的资源包括制造技术、生产和管理系统、产品品牌、供应商网络；一汽的贡献则是当地信息及当地政府的支持。产品销售渠道被认为是两者贡献相同。由于数据不允许我们量化贡献值，我们可以假设每种资源对整体的贡献是等量的，从而可以得出丰田的资源贡献高于一汽。

不平衡的基于资源的议价能力导致了信息的不对称性。由于产品的设计和制造技术均由丰田提供，丰田对产品的理解比一汽要深入得多。中方经理常常抱怨丰田的经理没有按时与他们交流信息，而且所提供信息也不能完全令他们信任。“我们并不能准确知道某个外包的零部件应该花费多少，我们也不信任丰田提出的价格。所以我们通常以丰田最初提供价格的80%作为谈判的起始点。”

一汽为加强它的控制力度所做出的努力包括：为缩小信息不对称的差距而增加其接触信息的途径，通过采取特定控制机制如预算控制来增加它基于背景的议价能力。同时，丰田的经理同样意识到了这种信息差距对维持他们控制权的重要性，并开始自然而然地削减不必要的信息披露。

以下范例展示了一汽为缩小信息差距而做出的努力，和丰田为维持这种信息差距采取的行动。2009年，中国政府开始要求国际合资企业提供一份关联公司之间所使用的转让价格政策的报告。如何准备和提供报告是财务经理的工作。中日双方的财务经理一同讨论并决定聘请一家外部会计师事务所来处理这个问题。一个标准化的程序如下：发出招标邀请，选择可参与面试的竞标者，面试，评估，作决定。但这一过程中，除了基本考虑因素如招投标价格，竞标者的能力和信誉之外，双方经理都意识到了更多的披露交易价格的机会，这原本主要掌握在丰田的手中。中方经理更倾向于与一汽有交易关系的公司，旨在从丰田获得更多的内部信息,而日方经理则倾向于丰田所信任的公司。最终日方经理青睐的公司被选中。一汽一方放弃的原因有两个:一是缺乏有说服力的证据来支持他们的选择;二是这个报告带来的利益不大,因为中国政府要求的信息非常简短。这反映了谈判过程中隐含的对成本效益率的考量。

4.4.3 母公司所采用的控制机制

1. 治理结构与财务责任

从财务责任的角度来说,一汽丰田是一个利润中心。它没有自己的销售部门;相反,它将其产品转移到另一个由一汽和丰田共同建立的合资企业,即一汽丰田汽车销售公司去销售。但一汽丰田依然通过允许一汽丰田销售公司在转让价格上标记一个固定利润率/销售率以保证它对产品价格的控制权。

一汽丰田由董事会与运营管理委员会(OMC)共同管理。董事会由十名董事组成,包括六名执行董事与四名非执行董事。运营管理委员会由四名执行董事组成,负责管理日常活动,并连同工会经理和财务部经理每两周举行一次会议。

所有的行政与管理职位,从董事长到职能经理,都在一汽和丰田的员工中平均分配。同一部门中的经理与副经理,一个来自一汽,一个来自丰田,享有同等的权利。所有决策都建立在一致同意的基础上,没有一个合伙人可以采用多数票否决。这些决策包括需要董事会决定的重大决策,以及 OMC、工厂和各职能部门提出的经营决策。“所有文件都必须由中方经理与日方经理共同签署——没有例外——因此我们无时无刻不在会议中”,由中方财务经理与日方财务经理共同证实。

丰田和一汽各派遣了 70 名管理人员,覆盖了一汽丰田从执行董事到职能经理的所有职位。双方经理人的薪酬从会计角度与年度利润及双方合资协议上的政策挂钩。这笔钱支付给两家母公司,并反映在一汽丰田的年度报告上,但这不一定是母公司实际支付给其派驻合资公司员工的薪水。对丰田的外籍员工来说,一汽丰田的财务表现并不直接影响他们的报酬。他们的薪酬方案设计建立在丰田的政策基础上,其中奖金并不是一个重要的元素。外籍员工由他们的日方直属经理评估,每半年一次。据日方财务经理所言,评估主要根据主观因素,评估结果决定了奖金的多少,并在 70% 的程度上决定了员工是否升职。中方经理的报酬则是直接与一汽丰田的预算利润实现程度相关联。

然而,上述治理结构并不意味着这两家母公司对所有活动的决策都有同样的影响力。通过采访我们获知,丰田对新产品引入、制造规划、定价、采购、成本管理和质量控制等领域有着更大的影响;而一汽则在雇员雇用、解聘和评估奖惩等领域影响较大。对于雇员的薪酬福利以及部门预算目标设定这些领域,两家公司具有相同的影响力。

2. 生产管理体系

一汽丰田始终使用丰田的生产管理体系。以下引述提供了这些系统相似性的证据:

> 在合资企业成立伊始,其生产管理体系直接复制了我们的模式。操作流程是先接受订单再规划生产,因为我们坚信“顾客为第一优先”;我们培养一线工人,因为我们知道如何制造出顶级质量的车,虽然由于文化差异,我们在这一方面还需要与中国同事合作。(日方财务经理)

中方经理在采访中同样将生产管理体系列为日方最重要的贡献之一。

为了使丰田的运营模式在一汽丰田中更有效,丰田除大量派驻员工外,还会在一个新项目开展时派遣短期的工程指导团队前往一汽丰田。团队规模从几人到几百人不等,他们可能逗留几个月或几年,视该项目的性质而定。“他们就像我们的老师,当我们的一线工人们能够独立完成任务后才会离开。”中方财务经理这样评价道。另外,一汽丰田每年还会将上百名一线工人送往丰田在日本的工厂去接受培训。中国的新毕业生往往是招聘中的首选,因为他们似乎能更容易地融入丰田的生产管理模式中。不论是指导还是培训,都集中在制造技能上。

3. 预算与冲突解决

预算属于中方母公司主要考虑的范畴。每年 9 月一汽丰田从一汽那里接到后续年度生产预算的要求。预算格式和内容由中国国有资产监督管理委员会(国资委)规定。

预算包括主预算和功能预算。主预算集中在两家母公司协商决定的目标利润和目标销售量上。基于一汽丰田提供的预测数据,董事们依照各自母公司的目标进行协商谈判并达成一致。功能预算则将重点放在成本控制上,基本上由来自各部门的一系列的可控成本及费用预算组成。

在实施的过程中,一汽丰田执行年中业绩与环境分析,并向母公司提交对目标利润的调整意见。通常这些意见会被一汽质疑,而丰田则不会有太多反对。

关于业绩报告,一汽要求提供每月的资产负债表、损益表、现金流量表、产品盈利能力分析,以及每季度的预算差异分析。在预算差异分析中,一汽需要知道已经取得的业绩和不断更新的关于剩余预算年度的预测,以判断目标预算是否能够顺利实现。不同于一汽,丰田仅需要每月一份来自一汽丰田的简短业绩报告,而且不要求预算差异分析。日方经理还反映,丰田与一汽丰田间的报告系统主要是非正式的。日方财务经理评价道:“我们与总部保持着非正式的频繁的联系,并不需要很多正式的预算控制。”中方财务经理从另一个角度强调了这一说法:“丰田在产品设计阶段就已对产品结构和每个零部件的价格了如指掌,所以在产品制造过程就不需要过多的报告了。”

在预算编制过程中,通常会产生两方面的冲突:① 两家母公司间的利益冲突;② 母公司的期望值与一汽丰田的预测值间的差距。后者与一个单一公司的情况相似,并可以通过经理们在成本削减上的努力,以及董事会对市场战略的调整或者对预算目标做出让步来共同解决。至于前者,主要集中在目标利润的设定上,因母公司拥有各自不同的目标,并在一汽丰田的盈利能力上拥有不平衡的控制权而产生。

丰田和一汽都追求利润和增长,但优先次序不同,尤其是在最初几年中,丰田的首要目标是在中国的市场份额,而一汽则不愿牺牲利润来换取市场份额的增长。一日方信息提供者观察到:“丰田将重点放在市场份额上。我们想确保客户满意度。” 这一点同样被中方证实了:“丰田关注于市场份额,并会致力于增加市场份额,即使这意味着牺牲利润。而我们不能承受亏损。我们想要挣钱来发展我们自己的品牌。因此,我们必须在战略设定和目标利润设定时争取保护我们的利益。”中方财务经理说道。一汽对利润更强烈的需求还反映在日方财务经理的评论中:“一汽是一家国有企业。中国政府为一汽丰田设定了目标利润,这一目标对所有的日方经理们来说都是很大的挑战,我们必须非常努力找出途径来实现它。”

一汽和丰田对盈利能力的不同需求差异,因他们在一汽丰田运营中的获利来源不平均而进一步扩大。对一汽来说,分配利润是它在合资企业中唯一的财务收入。而比较起来,丰田却依仗它对技术和供应商网络的贡献拥有许多其他获得财务收入的方式。这些获利方式包括设备的售出、技术转让费、与丰田供应商间的关联交易以及其他的跨组织交易。中方经理曾经对此进行分析,认为丰田有 18—20 种从这一合资项目中获利的途径。据受访的中方高管人员称,三分之二的一汽丰田的供应商都与丰田有着关联关系。这一情形使得与一汽相比,一汽丰田本身的盈利能力对丰田来说就显得没那么重要了。

此外,一汽丰田的盈利能力不仅仅取决于它的市场业绩。虽然根据持股比例,两家母公司在利润上是五五分成,但年度总利润将受到转让价格的谈判结果以及产品组合和定价决策的显著影响。尽管这些费用和价格的设定准则在一汽丰田的形成阶段就已经被协商好并写进合同,每年的特定数字还是会随着交易数量而不断变动。举例来说,中方高管人员认为技术转让费的协商是影响两家母公司合作的最重要因素之一。另一方面,当公认为一家汽车合资公司的财务表现会受到它产品组合的显著影响时,一汽丰田的新产品引进和定价决策的控制权还是主要掌握在丰田手上。这进一步增加了丰田对一汽丰田盈利能力的控制程度。如此一来,协商谈判就成为一汽丰田日常生活的一部分,根据项目的重要性差异发生在董事或经理层间。预算控制被一汽用作一种控制机制,一方面向丰田施压使其与他们共享利润,一方面激励中方经理去监督运营过程的每一个步骤,从而确保丰田确实实现了其批准年度预算时承诺的利润额。

4.4.4 控制权的动态变化

自成立至今,两家母公司的公司治理结构及采用的控制机制都没有公认的改变。然而,在某些领域的控制权则会在两家公司之间来回转移。

1. 人力资源管理控制

丰田倾向于在所有领域都占有主导强势的控制权,包括人力资源管理这种一般被认为本地母公司更有专业发言权的领域。以下列举的例子证明了丰田在一汽丰田早期占据主导地位的事实:① 一汽丰田优先招聘应届毕业生,只因为缺乏经验的工人将会更容易接受丰田的管理理念。② 他们支付给一线工人相对低的薪金,因为丰田一向专注于从廉价劳动成本中获取利润。“我们的工人相当长一段时间都是猎头公司的目标,因为我们的工人训练有素却报酬很低。”中方财务经理说道。③ 基于丰田对它“终身就业”员工的忠诚度的期盼,一汽丰田没有惩罚机制。但是,近几年的情况却在逐渐改变。工资已经提高到竞争对手的水平;一些惩罚措施例如警告、罚款和解雇被引进。中方经理在访问中说:

"这些变化是我们的艰苦努力换来的。现在与日本同事针对这些问题一同合作，且日方常常会采纳我们的意见。"

2. 新产品设计和营销控制

一汽丰田在2008年成立了研发部门。这一部门由双方母公司共同控制，创新专利权属于一汽丰田。与2008年之前丰田在新模型引进和现有模型"整形"上占据主导控制地位的事实不同，如今现存模型的"整形"由一汽丰田负责，且中国市场的偏好成为新产品引进的重要参考。预计未来一汽丰田的研发部门将迎来更多新模型的引进。

这一新的变动加强了一汽在技术领域上的控制并满足了他们对学习的需求，这些同样是丰田的需求。

4.4.5 议价能力的动态变化

我们观察到的一汽和丰田间的相对议价能力的变化有两点。

首先，中国市场日益增长的重要性使一汽获得了更强的基于背景的议价能力。这曾经是形成阶段一汽议价能力的来源之一。之后中国汽车市场的迅猛发展及全球经济萧条进一步巩固了一汽在这方面优势。中方经理提供了另一个关于利益分配的谈判例子，显示了一汽的日益增加的基于背景的议价能力。

中国政府要求合资公司在年度利润分配前保留出一部分准备金作为中国员工的福利，但每年保留的准备金比例由董事会决定。双方母公司的财务经理从2009年11月开始讨论当年的准备金率。中方经理提出增加准备金率，而日方经理理所当然地提出反对，因为这其中的50%是丰田要分担的。直到2010年5月准备金的增加被董事会批准之前，财务经理之间的会议超过20次，其中由双方母公司派出代表参加的会议有6次。根据中方财务经理所说，一汽提出的主要观点是，一汽丰田作为丰田2009年拥有的唯一一家盈利性合资企业，员工的福利却没有得到改善，会令员工失望并感觉受到了不公平的对待。最终丰田接受了中方的提案。在这个例子中，中方经理感受到他们的议价能力因经济萧条时期中国市场重要性的增长而明显提高了，并在谈判中行使了这种议价能力，加强了他们的控制力度，最终实现了他们的目标。

其次，随着中方经理的专业素质和他们对一汽丰田成功的重要性得到承认，一汽基于资源的议价能力进一步增强。在合作过程中，丰田的经理已经开始意识到文化差异及其对消费者和员工行为的影响。据丰田高管所言，丰田对他们在中国市场的表现，尤其在市场占有率方面不甚满意。他们总结的其中一个原因是他们的生产管理体系并不适用于中国文化。举例来说，尽管丰田以他们“先接订单，再规划生产”的运营流程为傲，中国消费者却不能接受他们必须要等待几个月来订购一辆车的事实。“我们需要投入更多努力去了解中国，了解中国人的想法。”日方财务经理说道。

4.5 结果讨论

基于上述案例分析，本小节将针对两个问题进行讨论。表 4.1 总结了两家母公司的管理控制特点。

表 4.1 两家母公司的管理控制特点

控制维度 / 合伙人	控制重点		控制机制		全面控制的相对程度
	控制重点	对活动的控制程度	选择	有效性	
一汽	整个范围内的活动	松	人员编制	紧	松 ↓ 均衡
			管理者激励	紧	
			预算编制	紧	
丰田	整个范围内的活动	紧	人员编制	紧	紧 ↓ 均衡
			相似的生产管理体系	紧	
			预算编制	松	
			指导与培训	紧	

4.5.1 中外母公司双重视角下的管理控制特点

参考前述理论框架中控制的三个维度，本节站在中外母公司双重视角上对主要控制系统的描述揭示了母公司在执行控制行为时的以下几个特点。

1. 控制重点

两家母公司都能通过董事会的结构和决策权的分配来实现对整个范围内所有活动的控制及对公司全局的掌控。这一特征在案例公司的形成阶段就已确定。丰田对全面控制的重视与日本组织文化相匹配，并与先前的研究相一致（例如 Calantone and Zhao，2000；Kopp，1994），但中方的这种全局观却与以往的研究结果相背离（例如 Luo，2001）。透过案例分析，我们可以确定出中方母公司开始倾向于全面控制的两个原因：① 学习的范围发生了改变。中国市场经济发展初期，当大多中国公司都将重点放在学习制造技术时，一汽却决定去学习活动覆盖面更广的管理与生产体系。② 尽管学习依旧是一个重要的目标，一汽对它的国际合资公司的盈利能力同样有着强烈的需求。由于盈利能力受整个范围内活动的影响，从而激励一汽去追求全面控制。这一改变可能反映了中国国有企业改革的结果：他们转变为更加独立的经济实体，并更关注财务结果。

虽然双方母公司对整体范围内的活动有着平等的控制权，但他们对特定活动的控制权并不相同。如案例分析4.4节所示，在对一汽和丰田各决策领域不同程度的影响中，丰田在材料与零部件采购、新产品引进、产品定价、成本与质量控制上拥有更大的控制权；而一汽则在员工招聘上拥有更紧密的控制。尽管一汽在人力资源管理和研发上的控制权增加了，但是总体上依旧是丰田占据着更多活动的控制权力。

以上控制权的特点展现了一种特殊的管理控制风格，可以描述为一种共享与分程并行的控制（a shared but split control）：两家母公司在整体范围的活动上享有同等控制权，但他们又各自在不同特定活动上占据着主导地位。这种控制风格不同于 Killing 在1983年提出的共享控制（shared control），即仅仅反映了母公司在决策上平等的影响力，也不同于 Schaan 在1983年提出的分程控制（split control），即仅仅确认了母公司在不同特定活动上的主导控制地位。

2. 控制机制

我们可以从两方面来评估这一维度：控制机制的选择和机制采用的有效性。

对丰田来说，对整体范围活动的有效控制主要通过文化控制来实现，包括人员编制，采用与母公司相似的生产管理体系的，指导与培训。通过大量派驻员工占据所有重要职位，用“丰田模式”管理生产活动，指导与培训一线工人，由于物理距离和环境距离产生的信息不对称性减少了，丰田也更有自信能保护自己的无形资产和执行自己的战略。就有效性而言，这种程度的控制机制可以被认为是“紧”的。

虽然丰田同样参与了预算控制，但仅将其作为一种计划工具而不是控制机制，因此，丰田对预算控制的有效性是“松”的。

一汽在案例公司中同样占据了一切重要位置，但它们依靠对结果的控制来保持它的全面控制。通过采用基于合资企业财务结果的管理人员绩效评估，一汽致力于激励它的管理人员追求合资企业的盈利性。预算控制作为一项控制机制用来减少信息不对称并确认一汽的战略目标得到实现。这对于一汽来说尤其重要，因为两家母公司不仅目标存在冲突，而且对盈利能力的控制程度也有所差异。透过中方经理从业绩需求中感受到的压力，他们对一汽的忠诚度，他们在预算编制过程中为一汽争取利益的渴望，以及自一汽丰田成立以来令人满意的利润增长，我们可以认为一汽控制机制的有效性是“紧”的。

3．全面控制的相对程度

如何评估控制的相对程度是很棘手的问题。许多研究者都通过调查管理者所感知到的控制程度来主观地衡量它（例如 Yan and Gray，1994）。而我们认为，如果控制的三个维度之间的相互关系更明确的话，我们可以采用一个更加客观的方法。据观察，控制的三个维度的相互关系可以综述如下。

首先，控制机制的选取会受到控制重点的影响。案例企业的两家母公司都将控制重点放在了整个范围内的活动上，因此他们所选择的控制机制应该并确实使他们更容易接触到每一项活动。

其次，母公司对特定活动的控制程度，以及它所选的控制机制的有效性，共同构成了评估其控制的相对程度的基础。透过上述分析我们得知，尽管两家母公司采取的控制机制并不相同，它们这些机制在确保母公司实现自身目标上的有效性都被认为是“紧”的。但是，丰田从活动的范畴上来看拥有更“紧”的控制权。因此，双方母公司全面控制的相对程度可以被初步认定为不平衡：丰田的全面控制较“紧”，而一汽较“松”。

4.5.2 议价能力和管理控制的关系与动态

第二个研究问题试图探讨相对议价能力与管理控制之间的关系，包括议价能力如何影响控制系统选择，相对议价能力在个案公司形成后期是否还会改变甚至重塑控制系统，以及它是如何改变或重塑的。

1．议价能力与管理控制的关系

案例分析展示了议价能力影响控制系统选择的方式。

首先，同等的基于背景的相对议价能力（the relative context-base bargaining power）决定了合资公司的治理结构，从而授予了双方母公司在整个范围内活动的控制权，直接影响双方母公司对控制重点的选择。

其次，基于资源的相对议价能力（the relative resource-based bargaining power）会影响对特定活动的控制程度。当我们比较其中一个母公司对其掌握有主导控制权的领域的资源贡献时，这两个元素的相互匹配性是很显著的：对某一领域有着关键性资源贡献的母公司，在这一领域握有更为主导的控制权。当上述基于背景的议价能力是全面控制共享的决定因素时，基于资源的议价能力则导向了分程控制。这种基于资源的议价能力的平衡与基于资源的议价能力的不平衡解释了两家母公司控制重点的特点。

2. 相对议价能力的变化及其影响

上述分析已经为这种共享与分程并行的控制提供了证据，接下来出现的问题是，当母公司仅仅拥有一个特定活动的主导控制权时，它们要如何满足其对全面控制的需求。数据显示，个案公司采用的控制机制在运营过程中行使议价能力，会使谈判变成一个没完没了的行为，而且会调节两家母公司间的相对控制程度，这种相对控制程度最初是由控制机制的有效性和对活动的控制程度决定的。

前一小节中提到的人力资源部门和研发部门的控制权转移，反映了母公司之间相对议价能力变化所造成的影响。一汽相对议价能力的增加和行使它的结果加强了一汽的控制力度，并带动两家母公司的相对控制力达到均衡，如图 4.1 所示。

总体来说，我们观察到中方母公司的议价能力在不断增长，这意味着日方母公司的议价能力在不断"老化"。Yan 和 Gray 在 1994 年曾讨论过是什么导致了这种改变，却都没有找到实证证据。而通过本次案例的数据分析，我们或许能够认定，这种相对议价能力的改变是由中国市场不断增长的重要性，特别是在这个全球经理萧条时期中国市场的重要性所造成的。尽管我们并没有观察到管理控制发生任何结构性变化，但相对议价能力的改变确实造成了母公司对特定活动控制程度的革命性改变，并调和了两家母公司间的相对控制程度。这些母公司双方都认可的改变为早期研究中的论点提供了实证证据，即合资企业需要重新配置控制权以回应不断变化的母公司相对议价能力，从而确保长期稳定性与整体绩效(例如 Gray and Yan，1992；Hamilton and Singh，1991)。

我们还认为，共享与分程并行的管理风格(the shared but split management style)很好地适应了这种双方母公司拥有平衡的基于资源的议价能力和不平衡的基于背景的议价能力的合伙关系。日益增长的中国市场的重要性、中国政府在特定行业中的政策、对当地的了解等因素都赋予了中方企业更强的议价能力。与过去的研究结果不同，越来越多的中方母公司，尤其是大型国有企业，往往不能接受外国母公司在管理上占据主导地位。而外国母公司可能同样不愿意主导管理,因为这会阻碍国际合资企业从本地母公司的专业知识和管理技能中受益。丰田愿意将特定领域的控制权转移给一汽这一事实恰好证明了这一观点。一个共享与分程并行的管理风格反映了双方母公司的战略地位,令它们能够接触到整个范围内活动的控制权,并同时确保了它们为国际合资企业的成功各展所长。更重要的是,这种控制风格提供了一个结构,它在允许管理控制由于相对议价能力的变化而发生革命性改变的同时,还保有本身的稳定性,这对国际合资企业的有效经营至关重要。

4.6 研究结论

本次研究着重于一家中日汽车合资企业形成后的运营阶段(post-formation stage),阐明了案例公司双方母公司分别实施的管理控制的特点,并针对这些管理控制如何被相对议价能力的行使所重塑这一问题进行了深入观察。

研究整合了控制的三个维度,即控制重点、控制机制和控制程度,并系统性地检验了它们之间的相互关系。分析认为,控制重点包括了选择对全部活动还是特定活动实施控制,以及对特定活动的控制程度两个层面。控制机制则涵盖了选择什么样的机制及所采用机制的有效性。此外,控制机制是为保持控制重点而选择的。而控制的第三个维度,控制程度,在最初由对特定活动的控制程度和所采用控制机制的有效性而决定的基础上,会随控制过程中相对议价能力的行使而进一步被调和。这一模型为分析控制三个维度之间的相互关系提供了系统性工具,进而令我们对国际合资企业管理控制的本质有了更深入的了解。

通过对相对议价能力和管理控制之间的动态联系的调查,本研究对国际合资企业相关文献的重要贡献在于,不仅证明了这两个变量之间的正向关系,更重要的是证明了前者在国际合资企业的运营过程中如何被行使,以及如何进一步重塑后者。

一种共享与分程并行的控制风格的观察发现,补充和完善了以往对国际合资企业管理风格的研究。它灵活的适应性为管理国际合资企业,特别是那些由发达国家与发展中国家共同成立的合资企业带来了实践性启示。

上述研究结论,令那些已经参与或打算参与国际合资项目的公司意识到,对国际合资企业的控制有效性不仅仅取决于选取哪些控制机制,还取决于如何实施这些控制机制。如果他们能更注重谈判能力,对双方母公司和管理人员来说可能都是有益的。

虽然我们的研究有助于弥补相关文献中的重要空白,但是它仅仅局限于单一案例。将同样的研究复制到其他有着相似或不同背景的国际合资企业中,这将是有意义的。借用 Groot 和 Merchant 在 2000 年提出的观点,研究国际合资企业,尤其是对它进行深入观察,是十分困难的。即使在本文案例公司内部,尽管我们提出了以上结论,依旧留有许多关于管理控制实践的其他问题等待解决。例如,当我们检验相对议价能力对控制的影响时,可能还有其他因素会影响到控制机制的选择和有效性,像信任、学习和信息不对称性等。我们还认识到,运营过程中的谈判,为双方母公司管理人员的关系同时带来了支持和挑战。虽然有一定数量的文献研究了母公司之间的信任,但对中外籍管理人员间的信任与学习的深入研究或许能够进一步加深我们对控制有效性的理解。

5 交互预算:应对战略不确定性、契合管理控制的新机制

——基于天津一汽丰田公司的案例研究

【摘要】 交互预算控制方式是近年西方管理控制理论研究的新热点,但迄今为止对此国内尚无专门的理论文献和完整案例。本部分基于 Simons 的管理控制框架,首先在理论上梳理交互预算的控制特征、重构交互预算与其他管理控制方式间的协同关系,通过对天津一汽丰田公司预算控制的案例描述与理论分析,阐明了有别于传统的诊断预算控制,交互预算既能够克服现行预算方式的制度弊端,又能成为适应不确定性环境下的战略管理工具,还是促进企业上下级对话沟通、组织学习和管理创新的机制;另外,研究表明,交互预算控制也是融合、协同管理控制系统中的信念控制、边界控制等其他控制方式的制度安排。

5.1 问题的提出:坚持还是摒弃预算?

长期以来,预算(budget)一直是组织战略规划、管理控制系统、评价激励制度的核心和焦点(Otley,1994;Merchant and Van der Stede,2005;Luft and Shields,2006)。近几年来,随着企业经营环境和组织结构的巨变,预算再次成为理论和实务界共同关注的热点,而且这种讨论还充满悖论,"摒弃"与"坚持"预算的主张针锋相对:一方面有人把预算视为公司管理的"毒药"(bane)(Jack Welch,Winning,2005,189)和"诱发员工说谎的游戏"(Jensen,2003),一些对欧洲企业的调查还揭示了预算缺乏战略眼光、仅注重成本控制而忽视价值创造、缺乏弹性、对市场变化反应迟钝等弊端(Neely et al.,2003)。对传统预算批判最为激进的当属以 Hope and Fraser(2003)为代表 BBRT(beyond budget round table)组织,他们倡导组织彻底放弃预算管理。另一方面与此相对应的主张也令人瞩目:一项对北美公司的最新调查(Libby and Lindsay,2009)显示预算仍然在公司控制系统中起着关键作用,尽管许多公司正在计划改进预算系统,但绝大多数公司都没有要放弃预算的想法,平均来看,被调查公司认为预算为公司增加了价值。另

外,无论是案例分析、问卷调研还是实验研究,也都有大量支持预算管理的结论,即发现预算在战略实施、组织计划、目标设定、资源配置、运营控制、沟通、跨部门跨单位合作、员工激励、薪酬决策等多个方面发挥着积极和正面的作用(Stephen and Van der Stede,2003; Sprinkle,2008)。由此看来,当今组织究竟应该继续运用传统预算还是彻底放弃预算,人们可以说是各执一词,并且还在继续争论。

实际上,无论是从理论还是实践意义上看,都并非只有坚守或放弃预算的简单结论。上述悖论的持续和当今预算理论研究的局限性有密切关系:首先,过去绝大多数预算研究都集中于参与制预算以及强调预算目标与评价激励制度对接等问题(Hartman,2000),对于实务界所关注的诸如预算的灵活性、预算的环境适应性等很多问题没有进行更多的研究(Libby and Lindsay,2009)。其次,多数人讨论预算时并没有把预算与组织环境和相关变量联系起来,预算对组织的贡献与组织经营环境、战略、组织文化和结构特征等密切相关,脱离这些组织特性而泛泛讨论预算的适用性和价值创造能力没有太多意义(Chenhall,2003; Malmi and Brown,2008)。最后,多数文献没有将预算的多种制度内涵与预算的不同运用方式联系起来。预算控制绝非只有一套固化的程序和功能,比如既有"紧预算"与"松预算"之分,也有"强参与预算"和"弱参与预算"、"强刚性(rigid)预算"与"强修正(revision)预算"等,在战略规划与控制、协调与学习等预算的内在功能之间,组织可以根据管控个性需求有所偏重;不同组织中不同的管控重点也可以通过不同的预算控制方式来实现。所以对于特定组织而言,预算的效果更多地取决于是否采用了与组织特性相配比的预算控制方式。换言之,只有基于组织特定情境的、关注特定的预算方式与组织环境互动机理来判别预算控制的功效才是合理的。

有鉴于此,本文依据 Simons(1995,2000)的管理控制框架,通过天津一汽丰田公司实施的完全符合理论上"交互预算控制"概念,并明显区别于传统预算控制(也即理论上的"诊断预算控制")案例,阐明交互预算控制方式的特征与前因后果,着重研究两个问题:第一,交互预算控制与传统(诊断)预算控制的主要区别是什么?它是如何在组织中实施的?又是如何影响组织绩效的?第二,从战略不确定性和组织管理控制系统结构两个方面研究影响组织采用交互预算控制的主要因素是什么?或者说如果采用交互预算需要何种组织条件与管理场景?本文通过案例"现身说法"指明了有效实践交互预算的技术路径,达到案例研究源于实践又能引领实践的目的。

5.2 理论基础和研究命题:交互预算的特征与组织功效

5.2.1 对交互预算控制的提出与界定

交互控制(interactive control)的概念是 Simons(1995)在其管理控制框架中首先提出的,该框架着眼于实现组织在战略实施过程中两种不可或缺的又相互冲突的目的,即“创新”(适应变化环境、组织学习与管理变革)和“约束”(强调达成既定业绩目标),一个组织完全可以通过管理控制系统的综合利用来协同这两种目标。该理论将组织的管理控制分为不同目的但又相互关联的信念控制、边界控制、诊断控制和交互控制的四个子系统。框架内前三个系统执行“传统的”控制功能,包括明确组织的目标和理念、确立行为边界、依据个人业绩进行奖励或惩罚等,而第四个交互控制系统“用于追踪战略的不确定性并触发新的学习活动以对不断变化的环境做出适应性调整”。交互控制的提出颠覆了有关控制的传统观念,认为控制不再仅仅表现为对某一目标或规则的“遵守”、“合规”或“固定的控制”等,它可以是行为驱动过程(action-driven process)(Langfield-Smith,2007),成为组织学习的重要手段。同时,该理论还指明企业的预算、反馈和评价等工具既可以用于诊断控制,也可以用于交互控制,对同一控制工具不同的运用方式显著影响到控制效果和组织绩效(Simons,2000)。

基于 Simons(1995,2000)的管理控制框架,近几年来人们对预算控制方式的研究也从过去以预算控制松紧程度的分类(Hopwood,1972;Otley,1978;Merchant,1981;Hirst,1983;Govindarajan,1984)为基础转向以诊断控制和交互控制的分类为基础(Abernethy and Brownell,1999;Bisbe and Otley,2004;Tuomela,2005;Henri,2006)。诊断预算控制与交互预算控制在控制目的、高管参与程度、在评价与激励中的作用等多个方面都有显著区别,如表 5.1 所示。

表 5.1 交互预算控制与诊断预算控制的特征差异[①]

项目	交互预算控制	诊断预算控制
控制目的	适应战略上的不确定性,鼓励创新/对话与学习	强调提供必要的激励、资源、信息,确保组织战略与预算目标的实现
高管参与程度	持续、频繁关注	例外管理原则
目标设定与预算编制	自下而上,经多次质询和修正后确定;运营部门广泛参与	更多的是自上而下;财务部门为主
预算沟通与调整	经常性的闭环式沟通;年内可视预算前提的变化而重新调整预算目标;把"学习"融入预算调整过程	有限的对话,根据例外管理原则关注重大不利差异;一般不可调整既定预算目标
评价与激励	预算完成情况与评价及各种形式的奖励基本没有关系,评价以主观评价指标及其他非财务指标为主	预算完成情况与评价、奖励关系密切
信息目标	预算部门的状态描述	预算部门及责任人业绩的描述
时间范围	过去和未来导向	过去导向
行为问题风险	很小	很大

如表 5.1 所示,交互预算控制是指预算程序和信息受到最高管理层的重视,预算编制过程要求组织各层级管理者频繁有序的关注,预算实施状况数据要和下属及相关平行部门进行面对面的交流和讨论,讨论过程更侧重于对现行行动计划、假设和相关输入数据的质疑和进一步的调整(Simons,1995,2000),同时,一般说来交互预算控制中预算业绩(预算执行结果)与奖励(物质的或其他形式)没有太多关系。

5.2.2 研究命题

以 Simons(1995)的控制理论和近期的相关研究为基础,本文提出了交互预算控制对组织绩效影响的路径分析框架,如图 5.1 所示:首先,战略的不确定性是影响组织选择交互预算控制的主要动因,交互预算控制通过促进组织学习和持续改进,提升组织业绩[②],同时管理战略的不确定性,促进新战略的形成。另

① 本表依据 Simons (1990,1995b,2005) 整理而成。

② 包含两个层面的绩效,即经营绩效和战略绩效,经营绩效指公司自身用财务指标和运营指标来衡量的绩效,而战略绩效特指已明确的战略目标的实现程度等(Child and Yan,2003)。

外，有别于前期研究，本文创新性地扩展了分析框架，将组织控制环境纳入分析范畴，认为交互预算控制的运用还有赖于与管理控制系统内其他控制机制（包括信念控制、边界控制和诊断控制等）的相互补充和契合。

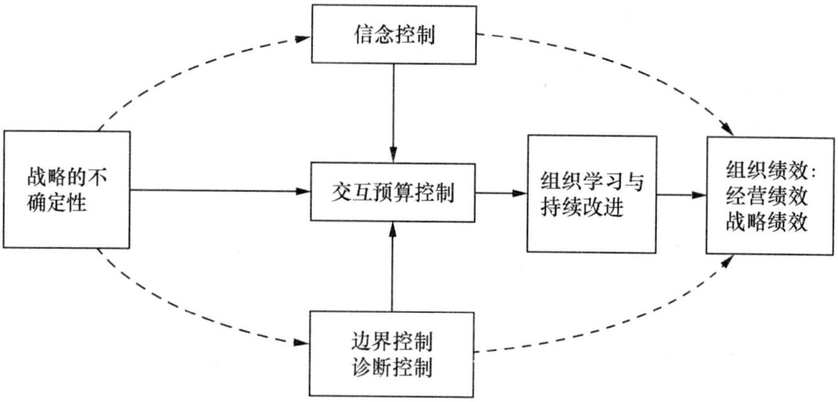

图 5.1　本文研究框架①

有关管理控制系统运用影响因素的研究中，战略因素最受关注。权变理论认为管理控制系统的设计依赖于组织战略（Van der stede et al.，2006），如果二者相互配比、存在着内在一致性则有助于提高组织业绩（Chenhall，2003；Fisher，1995；Langfield-Smith，1997）。很多文献都对战略类型和管理控制系统特征及不同管理控制工具的采用之间的配比关系进行了阐述和验证（详见 Langfield-Smith（2007）的综述性文献）。与多数文献不同，Simons（1995）则从战略不确定性的角度重新解释了战略与管理控制系统的关系，认为管理控制系统不仅要遵循和服从既定的战略，同时还要关注和应对战略本身的不确定因素，发现新的战略机会。所谓战略的不确定性，是指可能会使现行战略所依据的假设失效的潜在威胁和机会，战略的不确定性和公司内部环境的变化密切相关，具体包括竞争对象的行动、顾客偏好的变化以及技术更新等，在战略的不确定性较高的组织，预算等管理工具就要实施交互控制，以应对变化。管理者可以通过交互预算控制将组织的目标、理念传达给组织成员，同时预算制定及其回顾过程还可促进有关组织的机会、威胁、优势和弱势等重要信息在上下级之间的交流分享，从而形成组

① Simons（1995）认为管理控制的四个控制子系统中，边界控制和诊断控制的性质相似，都是组织用来确保人们遵守既定的标准和规则，据此，图 5.1 中将边界控制和诊断控制归为一类来讨论。

织内部共同发现、商讨和解决问题的平台,成为一种组织交流、学习、产生创意和新的战略的机制。Abernethy and Brownell(1999)检验了战略不确定性(用战略变化替代)、预算控制方式和业绩之间的关系,研究发现在组织经历战略变化的过程中,战略变化程度越高,交互预算控制增进组织绩效的作用越明显。其他一些实证研究也发现,在战略不确定性较强的环境中实施交互预算控制能够促进组织学习并显著提高组织业绩(Bisbe and Otley,2004;Tuomela,2005;Henri,2006),据此本文提出研究命题5.1和研究命题5.2。

研究命题5.1:组织战略的不确定性影响预算控制方式,战略不确定性较强时,组织倾向于采用交互预算控制。

研究命题5.2:交互预算控制通过促进组织的学习和持续改进,进而提高组织绩效。

早期的理论文献主要聚焦于组织战略与交互预算控制的相互关系。本文认为除了战略因素之外,预算控制的运用方式与组织内部的控制环境和其他可替代的控制工具有着更多的内在关联(Otley,1999;Malmi and Brown,2008)。交互预算控制的核心是组织内部持续的沟通和学习,这就需要组织内部具有鼓励创新的价值观、相互尊重和善于沟通的文化氛围,否则预算也难以"交互",因此本文认为信念控制系统为交互预算控制的实施提供了组织环境和企业文化基础。另外,将预算用于交互控制后,组织依然需要通过有效的边界控制和其他形式的诊断控制手段以确保短期绩效,维持创新和约束之间的平衡(Henri,2006),因此对组织整体控制而言,有效的边界控制和诊断控制是交互预算控制的必要补充。据此,本文提出:

研究命题5.3:交互预算控制的运用依赖于与组织管理控制系统内其他控制机制的补充和契合,以平衡组织创新与约束的双重控制目标,其中信念控制为交互预算控制的实施提供基础,边界控制和诊断控制是交互预算控制的必要补充。

5.3 研究方法:单一案例研究法

5.3.1 案例研究法和案例企业选择依据

本研究采用单一案例研究方法。案例研究比较适合研究"如何"和"为什么”之类的问题(Yin,1994;周长辉,2005),其特点与本文上述所要研究的主要问题吻合,在目前我国对于交互控制研究及其实践运用还很少见的情况下,通过基于典型案例的探索性研究,可以明确一系列“是什么”和“为什么”的问题。

本研究选择的案例公司为天津一汽丰田汽车有限公司(英文简称 TFTM,下同),之所以选择这一合资企业作为研究对象,是基于:① 从理论抽样的角度进行的选择。合资企业一般都会移植和运用外方母公司先进、成熟的管理方法和理念。日本丰田公司是 TFTM 外方母公司,其包括预算、成本控制等在内的管理控制系统极具特色,其举世闻名的 TPS(丰田生产方式)完全不同于“美式”的控制与激励理念引发了我们浓厚的研究兴趣。以中外合资企业为研究背景,研究结论更具“中国”的现实意义。② TFTM 自成立以来连续多年经营业绩卓越,增强了其经营管理经验的示范效果。③ 本文作者对丰田公司及 TFTM 持续关注,积累了丰富的第一手资料,对 TFTM 管理控制系统及预算有着较为全面而详尽的了解,从而有助于确保研究的信度,增强研究结论的说服力。

5.3.2 数据收集整理过程

为了构造完整、可靠的资料、证据链,按照 Yin 的证据能够相互印证的要求,本案例采用多渠道收集资料,案例的数据收集和整理工作跨越了两年半的时间(2007 年 2 月—2009 年 8 月),具体时间安排和调查活动如表 5.2 所示。

表 5.2 数据收集整理过程

时间	目标	方式
2007 年 2 月—2009 年 6 月	收集公开资料,持续了解案例公司的基本情况	查阅的公开资料包括公司网站、公开出版刊物上关于案例公司的相关报道等
2007 年 7 月—2008 年 12 月	了解 TFTM 的管理控制系统和预算控制方式、效果等相关问题	先后三次现场调查并对公司的各层级管理者进行访谈
2007 年 11 月和 2008 年 12 月	了解案例公司外方合资母公司对公司管理控制和预算的影响	两次赴日本丰田公司总部调研,以开放性问题为主
2008 年 1 月—2009 年 6 月	形成完整的证据链,对访谈资料进行核实、整理	持续的电话和电子邮件方式沟通

5.4 案例介绍:TFTM 的预算管理实践

5.4.1 案例公司概况

TFTM 是国家商务部批准成立的大型中外合资企业,出资方为中国第一汽车集团公司、天津一汽夏利汽车股份有限公司、丰田汽车公司和丰田汽车(中国)投资有限公司,公司注册资本为 33 亿元人民币,中外方股比为 50%:50%,合资时间为 30 年。公司成立于 2000 年 6 月,占地面积 161 万平方米,目前生产能力为年产 42 万辆,本着"品质的打造源于每道工序"的理念,全面推行丰田全球统一的质量管理体系,以"高质量"领跑中国轿车市场,"合资双方共同制定了到 2010 年在中国的合作项目要达到中国市场占有率 10% 的目标"。公司组织结构方面,董事长由中方出任,总经理由日方担任,另外常务副总经理为中方,副总经理由日方和中方各一人共同担任,在总经理下面,公司设有品质保证部、第 1 制造部、第 2 制造部、第 3 制造部、生产管理部、采购部、财务部、技术研发中心、总务人事部等,各部门主要管理职责均考虑中、日双方的平衡,即如果部长为日方,第一副部长就为中方,反之亦然。

5.4.2 案例公司的预算管理

预算是 TFTM 计划系统的重要组成部分。公司每年首先根据合资双方股东的目标做 3—5 年的中长期滚动经营计划,经营计划从产品战略计划出发,内容涉及计划期间新产品(车型)的投放、技术的选择和更新/生产规模的扩张等,并制订与产品战略计划相对应的产品生命周期核算计划。其次,根据产品战略计划编制生产产品的资源需求计划,包括人员计划/设备计划、资金筹措计划等。最后,依据中长期经营计划对经营计划中第一年做详细的年度预算,通常在每年的 9 月份。年度预算包括经营预算和财务预算两部分,在公司内部,人们习惯上又把经营预算分为"大预算"和"小预算"两个流程。所谓的"大预算",主要是指预算目标的确定,其基本流程是:① 由合资企业上报下年度利润预测。② 双方股东讨论协商利润目标。③ 确认利润额,并按照经营单位细分下达。④ 确定产销量。所谓"小预算",是指预算目标确定之后在合资企业内部进行的分解,主要流程是:首先,根据销售预测和利润目标制订利益计划,即对利润的构成项目进行分解。在编制具体的预算前,公司首要的任务是改善成本,并确定每个车型的基准成本。TFTM 的成本改善公式是：收入 - 利润 = 成本（料、工、费），其中“料”分为“国内采购”和“国外采购”，前者和供应商共同改善，后者由股东在事前谈好；“工”的成本体现在内制品上，又可按成本构成分为料工费或价工费，项目包括辅助材料、消耗性材料、易耗品和水电等；“费”则是指制造费用，由每个车间运用零基预算法对可控费用编制费用预算，由预算科汇总审批。“工”和“费”的改善主要依靠企业内部，通过“成本改善法”（Kaizen costing）来完成。成本改善法是指每年根据上年实际数及其他因素确定本年成本降低百分比，具体数额往往需要自下而上，再自上而下多次协商，达成一致后实施。

公司每个月开经管会，出席者包括主管公司财务工作的副总经理、各部门正副部长、预算担当，以及财务部的预算管理成员，会议内容包括对预算执行情况的分析总结、各部门预算执行结果的反馈、公司预算工作重要信息的传达以及基准成本的改善情况等。会议的重点是对预算实行情况的跟踪和降低成本的经验介绍，核心是分析存在的问题和没有实现目标的原因，同时进一步提出改善的方向和手段。经管会分析预算执行情况的目的不是业绩考核，没有完成计划并不表明业绩不好，更不会因此而受到批评。正如一位接受我们访谈的部门部长所言：“存在着多种可能的原因致使我们没有完成预算，所以在预算分析和回顾的时候，最为根本的事情是弄清楚原因而不是评价。”相对而言，对预算的讨论和分析更关注外部不确定性因素和未预测到的事项对现行计划所蕴涵的假设所带来的挑战和对未来经营活动的影响。虽然没有正式的报告形式，但对预算的深入讨论形成了公司内上下级之间、平行部门之间交换和分享信息的非正式网络平台。

每年 6 月份公司一般会根据环境条件的变化和预算的实际完成情况来分析目标是否能够完成，如果必要会对利润目标做一次大的调整，合资双方母公司一般不会怀疑调整的必要性。①

因为公司的成本改善法是一个强调持续改善、“实时”改善的方法，故以此为基础编制的预算也没有被当做固定的业绩标杆，在公司的预算管理中也就没

① 相对而言，中方股东有时会质疑利润目标的调整，可能的原因是中方股东往往更注重财务收益，利润目标的调整直接会影响中方的收益，另外受投入资源、谈判实力等条件的限制中方股东与合资企业之间存在着很多的信息不对称问题。

有期末的预算考核及其奖惩这一环节。同时，公司认为预算的最终结果包含着很多管理者和员工不可控的因素，因此更强调经营过程中的沟通、分享知识、学习、创新和努力程度，对管理者和一般员工的评价基本上都是通过上级对下级的主观评价来确定[①]，主观评价的基础是根据公司方针确定的员工的工作课题，方式是“面谈”。

5.4.3 其他控制机制

依据 Simons(2000)的控制框架，信念控制系统是指组织用来确保员工共享组织的愿景、核心价值、使命、信条及宗旨，TFTM 的信念系统主要通过对“一汽丰田人”的表述来体现，该表述秉承了丰田公司独特的经营理念和价值观念，其核心集中表现为“智慧与改善”和“尊重人性”，具体包括五大事件，即挑战、改善、现地现物、尊重和团队合作。[②] 其中，改善是指不满足于自己当前的位置，总是通过最好的想法和努力来改善经营，希望每一个员工要在工作中“边实践，边思考；边思考，边实践”，为此，公司还设立了专门的“创意功夫”提案制度，倡导员工对自己的工作进行降低成本、提高效率、增强安全等对公司有利的改善，并用固定的表格将改善完的内容记录下来接受评审，根据评审的结果获得相应奖励的制度。该制度自设立以来“创意功夫”提案的数量呈逐年上升趋势，到 2007 年，全员参与率 78.9%，人均 5.48 件提案，公司共发放奖金 100 多万元，思考、创新和改善已经成为员工日常工作的自觉行为。[③] 公司另一理念即“尊重”，其又可分为尊重员工和团队合作两个子类，尊重意味着尊重员工，与美式绩效管理中所假定的“机会主义的员工”不同，案例公司认为员工“性本善”，公司流传着这样一句话，“没有不好的员工，只有不好的制度”；另外，“尊重” 还意味着相互理解、相互承担责任并努力建立相互之间的信任，同时共享发展的机会，实现个人和团队成绩的最大化。

相对而言，案例公司用以界定和制约员工行为规范的边界控制比其他公司少很多，而且成文的制度不多，这也是该公司的一大特色。员工的行为规范更多是通过“前辈”的言传身教而获得的。“我们公司没有多少成文的管理制度，有

---

① 公司的高管人员由合资双方股东委派，业绩也是由各自的股东来评价。

② 摘自天津一汽丰田公司网站：http://www.tftm.com.cn/zxzp/yqftr.htm。

③ 摘自天津一汽丰田公司网站：http://www.tftm.com.cn/zxzp/yqftr.htm。

一些也是支离破碎的。当初也不理解，现在有一点是认同的：就是丰田是一个不断改善的企业，每一个人都在尽力地不断改善。而且有点像中国的师傅带徒弟那样带。和欧美企业不完全一样。欧美企业可能会按建好的框框去做。而日本公司主要靠人带人。”（被访谈人语）公司的正规制度主要体现在对品质、安全、效率等关键绩效的规范上。“5S”（即分类（sort）、简化（simplify）、清扫（shine）、标准化（standardize）和维持（sustain））现场管理制度是比较典型的边界控制制度，其目的是保障工作现场的安全和效率。

观察到 TFTM 的诊断控制主要包括标准作业制度和面谈制度。案例公司的生产制造系统更多是对丰田生产方式（TPS）的逐步导入和学习，这一生产系统要求作业的标准化以确保产出符合时间、质量和效率的要求，标准作业制度是公司主要的诊断控制制度。在工厂生产现场的展板都贴着明确的标准作业表，列明标准作业的三个要素：周期时间、作业顺序和标准存量等，同时对应着标准作业表贴着有关员工业绩的“工程习得度揭示版”，揭示版从对员工任务的理解度和熟练度两方面描述员工的业绩状况，通过标准作业表和工程习得度揭示版，每一个员工的主要问题和改进的方向一清二楚。面谈制度是公司另一个比较有特色的诊断控制，通常的诊断控制都是以与关键成功因素相联系的量化业绩指标为控制依据，而面谈制度更多基于定性或主观因素。公司规定上下级之间每年至少要有三次面谈，年初沟通确定工作课题，在面见主管之前，员工需要填写其支持公司方针政策的个人工作课题，年中进行执行情况的追踪，员工首先要对过程和结果进行总结，并要回答“到目前为止从过程和结果中学到了什么，为了进一步发展需要做出那些改进”，最后年末进行整体评价，填写面谈表和评价表（评价主要是就团队精神、资源管理、业务能力、创新精神、人才培养等方面打分，并陈述事实），最后根据面谈和评价的结果确定员工的业绩和奖金。

5.5 案例分析与讨论

5.5.1 交互预算控制的运用与对组织绩效的影响

通过分析案例公司的预算管理可以发现，尽管案例公司在预算回顾中也将期初制定的成本改善指标作为标准来考察实际完成情况，从而具有诊断控制的特征，但总体来看，依据前文对交互预算控制的界定，案例公司的预算制度具有明显的交互控制特征，理由是：① 预算的编制、执行和反馈是连续不断的，要求各层级的管理者定期、频繁地关注预算，并就公司所处的环境开展 SWOT 分析沟通和交流。② 公司通过每个月、每季度的经管会，讨论预算执行情况（主要内容是成本改善的完成情况），对成本改善的效果进行评估，关心的问题是是否实现了改善目标，重在讨论如果没有实现目标，问题是什么、如何解决等。③ 每年年中都会根据预算前提的变化对预算目标进行必要的调整，认为这是适应环境的“合理”、“积极”的行为。④ 最为重要的一点就是预算和成本改善的执行结果与业绩评价及奖惩没有关系，预算回顾的主要目的是发现问题进而解决问题，而非评价业绩、奖惩或者“末位淘汰”。

与前期 Abernethy and Brownell（1999）、Bisbe and Otley（2004）及 Henri（2006）等的研究结论相一致，案例公司的交互预算控制取得了良好的控制效果。

第一，促进了组织内的学习。近年来，知识已越来越成为组织重要的战略资源，在组织内部分享知识的能力已成为组织形成竞争优势的重要基础（Noorderhaven1 and Anne-Wil Harzing，2009），同时，分享知识也成为出资者成立合资企业的一大初衷（Gupta and Govindarajan，1994）。丰田公司国际采购部总经理 Michio Tanaka（1996）曾说，“丰田制造系统（TPS）的基本理念和内容早已被我们的竞争对手熟知，但是他们并不了解我们是如何在特定的工厂和环境中实施这套系统的——最为重要的是，我们的组织更善于学习”。同样，在案例公司可以深刻感受到学习的重要性。交互预算控制所涉及的对问题的彻底探究、成本改善的跨部门参与和高管的积极介入等讨论方式为组织内部尤其是中方人员学习工艺流程、成本改善、预算管理方法和理念等提供了平台，从而使很多隐性的技术和管理知识显性化。在我们调查访谈的过程中，所接触的访谈对象都表示通过预算回顾等各种沟通机制，对公司的管理理念和方法有了更为深入的体会。学习不仅对于组织至关重要，持续的学习机会和能力的提升对员工个人也是一种强有力的激励，增强员工的组织承诺（organizational commitment），进而提升个人和组织绩效。

第二，减少了“预算游戏”行为，促进了业绩的持续改进。不同于诊断预算控制，交互预算控制中的预算目标并非绩效评价的业绩标杆，也没有以预算为基础的封顶的标准，整个预算的编制和控制过程都以业绩的持续改善为核心，因而减少了许多公司里常见的实现了既定奖励标准后的懈怠、保留或盈余管理等对结果的操纵行为。另外,由于交互预算控制的重点集中于解决问题而非评价业绩,切断了预算与业绩及奖惩之间的联系,即将“问题”和“人”分离开来,从而有效地抑制了其他组织预算管理中常见的预算“说谎”和相互推诿责任等行为问题上,员工能够认识到“预算回顾和讨论时找出问题并不是要指责某个人,而是想了解事实以解决公司所面临的不理想的境况”。这样的控制能够诱导员工说真话,增强了组织内部相互间的信任度。

交互预算控制通过促进组织学习和持续改进,有效地增进了案例公司组织绩效的提高。在整个轿车企业增产不增收的情势中,TFTM 以成本控制的绝对优势确保了自身利润率,其中成本控制方面的持续改进对公司财务绩效的贡献毋庸置疑;另外,作为合资企业,TFTM 战略绩效主要体现为母公司战略目标的实现程度,对案例公司近 15 名中日方管理者的调查表明,合资双方对战略目标的实现程度都比较满意,都给出了 5 分以上的评价(要求在 1—7 之间打分)。

5.5.2 战略不确定性与交互预算控制

就案例公司而言,应该说在成立之初,受公司内外部环境因素的影响,公司战略存在着一定的不确定性:首先,合资双方战略取向的分歧导致合资公司自身目标迟迟难以确定,一般来说,“中方股东偏重财务收益,而外方更看重市场”;其次,合资企业内部在员工行为、制度等方面体现出来的跨文化差异使组织的顺畅运营和发展前景都存在较大的不确定性,战略目标的达成似乎无从谈起;最后,国内汽车市场的发展和变化十分迅速,竞争对手的行动、案例公司自身的优势都尚未明确显现,正如案例公司某高管所言,“公司的战略目标一开始不是很明确。刚开始时,只是想着顺利投产,产品下线。然后是成本和价格的竞争。”直到 2005 年底,随着车型布局以及产能扩张与储备的逐步完成,双方股东谈判实力的变化[①]及相应的目标的调整,案例公司才提出明确的战略目标,即 TFTM 到 2010 年要实现产销 50 万辆,销售收入 800 亿元的发展目标。因此,在开始的第一、二年公司基本上没有控制目标,主要是生产导向,使生产能力尽量达到要求,随后在此基础上才开始有了很大的改善量。战略的不确定性导致组织无法确定

① 在此期间,丰田公司总体利润有所下降,而天津一汽丰田的利润在上升,盈利能力提升了 TFTM 对丰田的重要程度,从而提升了中方的谈判能力。

明确的经营目标和判断关键成功因素,在这样的背景之下进行交互预算控制更为合适,不强调对预算目标的完成,能够降低管理人员和员工的"业绩数字"压力,有利于公司专心摸索和适应外部环境及战略的不确定性。

5.5.3 交互预算控制与其他控制机制的契合

尊重和改善是案例公司信念控制的核心,它鼓励员工淡化定量(预算或业绩)目标,在工作中发现问题并积极解决问题,另外公司主张尊重员工,鼓励团队合作,公司基本上没有对员工的惩罚制度,同时很少利用与薪酬挂钩的个人绩效评估,认为根据个人成就和能力提供薪酬是最合适的,同时倡导集体价值观,不强调权责的清晰界定,倡导团队的集体负责制,在小组或员工个人层面的奖励非常之少(创意功夫奖励除外),但是如果整个工厂或公司业绩好,那么每个人都会享有重大奖励的机会,增强了员工的团队和整体意识。信仰系统所营造的组织氛围与实施交互预算控制所需要的积极沟通、无保留地查找问题和相互配合地解决问题等条件相互契合,从而为其提供了良好的运行基础,在一定程度上保障了运行效果。可以想象,在一个人人追求个人利益最大化、强调"人人肩上有指标"的个人责任、部门之间缺乏沟通,同时恪守既定标准、对变化反应迟缓的组织中,预算控制是很难"交互"起来的。

通过分析还发现,与研究命题假设一致,案例公司的交互预算控制与边界、诊断控制相互补充,在确保短期绩效的同时鼓励创新和改进。公司对于品质、安全、效率等关键成功方面及其实现方式的明确界定为预算的交互对话提供了重点和依据,而以"标准作业制度"为代表的诊断控制则有效地从作业这一绩效形成的最根本元素上实施控制,从而保证了组织的短期绩效。另外,面谈制度通过上级基于过程、努力和贡献的主观评价方式激励员工在预算执行和回顾中想方设法地去表达、尝试各种可能的改善,同时,通过交互预算控制频繁而深入的沟通方式,管理者获得了用以评价下属员工的有关经营环境、决策情景、各种备选方案以及员工所做的努力等更加完备有效的信息,在沟通与主观评价之间形成了良性循环。

因此,案例公司的交互预算控制并非自成一体独立运行的,相反,它与公司的其他控制子系统交织在一起,相互补充和支持,实施着对组织的共同控制。

5.6 结论和一般启示

本文通过对 TFTM 公司的案例分析验证了文章所提出的三个理论命题,研究发现:首先,在案例公司预算控制在战略规划、过程分析、业务控制、组织沟通等诸多方面的功效不可低估。但区别于我国目前所倡导的"全面预算"和国外一些企业实施的"超越预算"模式,TFTM 的预算控制实际上属于交互控制方式。交互预算控制模式促进了组织的学习和业绩的持续改进,进而提升了组织绩效,这一研究发现验证了 Bisbe and Otley(2004)、Tuomela(2005)等人的研究结论。其次,研究发现交互预算控制与组织的其他控制机制之间存在着密切的内在联系,相互契合。这一结论从组织内部控制环境的角度对交互预算控制的影响因素进行了扩展和验证,弥补了前期研究只关注战略不确定性这单一因素的不足。案例公司个性化地利用预算控制工具为我们提供了一个扩展预算管理模式固有思维的鲜活模板。

本文的结论对于未来的预算管理理论研究具有以下启示:第一,对于预算管理的研究,人们似乎需要从"以预算为主"的视角(预算具有哪些功能和预算能够做什么)转变为"以组织为主"的视角(组织的控制需求是什么,可替代的控制工具有哪些等),预算功效取决于面临着不同内外部环境的企业组织如何对其进行"适应性"运用的问题。第二,需要对传统的诊断预算控制理论和国外一些组织所倡导的"超越预算"理论重新审视。固守预算的诊断、评价以及以此为基础的奖励功能在战略以及目标不够明确的组织情境下似乎不太现实,而彻底放弃预算的超越预算理论似乎也有"因噎废食"之嫌。本文的研究对于中国企业管理控制系统和预算系统的设计实践同样具有借鉴意义,尤其是对于那些"只就预算而谈预算"的企业。

本文研究的局限性包括:第一,单一案例研究本身的局限性。尽管单一案例能够深入研究内容与结论,但其内外部效度都有待进一步改进。第二,关于"访谈"方法上的局限性。本文的访谈对象主要集中于案例公司中高层管理者,缺乏对一般员工的直接访谈,对预算控制效果等问题的分析视角比较单一,数据和视角的多面性值得改善。以上局限也应该成为未来案例研究的改进方向。

6　控制中的信任与信任中的控制
——基于五个中外合资汽车制造公司的案例研究

【摘要】 本文研究的是合资企业信任的多元化内涵及其与控制的关系。本文认为合资企业的信任是多层次的，包括合资企业投资双方股东之间的信任、投资双方委派的高管之间的个人信任等五个层次，这些信任之间存在着微妙复杂的联系。同时，信任与控制之间也存在复杂的关系，较高的信任程度会降低股东双方对正式控制的依赖，增加社会控制在合资企业中的应用。本文通过对上海大众、广州本田、一汽丰田、华晨宝马和北京现代五个中外汽车合资企业的实证分析，对所提出的控制与信任交互的理论框架进行了全面充分的论证，拓宽和深化了对合资企业信任和控制的研究，并对更新合资企业控制方式、提高合资企业绩效的实践具有较强的启示作用。

6.1　引言

长期以来，合资企业的控制管理一直是理论界和企业界关注的热点话题（Child, Faulkner, and Tallman, 2005; Groot and Merchant, 2000; Inkpen, 1995; Kamminga and Van der Meer-Kooistra, 2007; Sako, 1992; Vosselman and Van der Meer-Kooistra, 2009）。特别是信任在合资企业中的作用更是成为争论的焦点（Das and Teng, 2001; Dekker, 2004; Tomkins, 2001; Van der Meer-Kooistra and Vosselman, 2000; Vosselman and Van der Meer-Kooistra, 2009）。这些研究表明信任与企业间关系的管理控制体系有着多样的关系：负相关（complementary）（Das and Teng, 2001）、替代性（substitutive）（Tomkins, 2001）、加强（enhancing）（Velez, Sanchez, and Alvarez-Dardet, 2008）、慢化效应（moderating）（Dekker, 2004）等。

这些研究因不同的侧重和不同的方法而得出了相悖的结论，它们对于信任与控制之间关系的定义不足以体现合资企业的特点，特别是发达国家和发展中国家企业所结成的国际合资企业的特点。首先,在现存的研究文献对于信任主体的定义中,并不存在一个比较完善的关于信任的多元理论框架。文献中关于信任的阐述并没有体现信任的主体(Inkpen and Currall,2002),例如 Sako(1992)将信任分为信誉信任(goodwill trust)和能力信任(capability trust)。Rousseau, Sitkin, Burt, and Camerer (1998)提出将信任分为计算信任(calculus-based trust)、关系信任(relational trust)以及制度信任(institution trust),Inkpen and Currall (2002)提出了一个非单一的信任的解释,将信任分为组织信任(organisation trust)、团体信任(group trust)和个人信任(individual trust),他们倡导对信任的理论分析和实证测量应在同一层次上,但他们的研究并未深入探索不同层次主体之间的信任关系。同时,现存的关于信任以及控制(control)的理论大多就控制而言控制,并没有将控制的不同机制加以区分,从而忽略了信任与不同控制机制之间的不同联系,缺乏一个整合信任和控制关系的理论框架。

有鉴于此,本文将在控制和信任两类文献的基础上,综合考虑中外合资企业的特点,重点研究信任、控制以及促进合资企业信任发展机制之间的关系。研究探讨的问题包括什么是信任,信任的主体包括哪些,组织信任和个人信任各有什么含义,不同层次的信任有着怎样的关系,什么因素促进合资企业中信任的发展,信任如何影响合资企业所采用的控制体系,不同的控制体系又是如何影响信任的发展。此外,本文将采用多案例分析的研究方法,通过阐释以多样化方式收集来的实证资料,充分论证所提出的理论框架。

本文的结构如下:第二部分对合资企业管理控制的研究文献进行综述,并对当前存在的问题进行论证;第三部分为理论框架,先从不同角度和不同层次阐述信任的概念,并讨论不同层次、不同主体的信任之间的相互关系,同时,在这一部分中提出一个多元的理论框架,定义促进信任发展的不同机制、信任以及社会控制的关系;第四部分对于本文的研究方法、研究案例和实证资料的选取进行充分的解释;第五部分通过对于多个中外合资企业的具体分析,对第三部分提出的理论框架进行论证;第六部分对文章的研究结果进行简要的总结。

6.2 文献评述

在过去十年中,研究者对于合资企业的控制和信任等相关问题产生了越来越浓厚的兴趣（Chua and Mahama，2007；Geringer and Hebert，1989；Groot and Merchant，2000）。在下面这一部分中，将对这一领域的主要研究成果进行概括总结，并阐释本文是如何计划在现有文献的基础上进一步深化对于控制与信任的研究。

Zaheer，McEvily and Perrone（1998）认为信任存在与组织与个人两个层次，个人信任向企业信任转化的基础与关键在于双方企业的制度化程序。企业的制度化程序将双方所做的非正式的承诺转化成为企业公认的组织惯例。他们通过回归的方法证明了个人信任和企业信任间存在着正相关的关系，同时企业间的信任可以降低企业的交易成本和交易冲突。

Dyer and Chu（2000，2011）研究了美国、日本和韩国的汽车生产商和供应商之间的信任。他们同样将信任分为个人信任和组织信任，但是他们认为双方联络员（boundary spanner）[①]之间的个人信任并不一定可以转换为企业之间的组织信任，他们的研究结果表明汽车生产商的可信任度（trustworthiness）和他们的市场份额存在着正相关的关系。

Tomkins（2001）指出在双方信任发展的初期，企业需要通过获取较多信息来进行控制，充分的信息可以促进信任的发展，信任与控制呈正相关关系。然而当信任的强度达到一定程度之后，企业便不再需要大量的信息来控制双方之间的交易，信任和控制呈负相关。同Tomkins（2001）相反，Velez，Sanchez and Alvarez-Dardet（2008）认为：即使在信任度较高的情况下，管理控制系统仍然可以促进信任的增长。他们的研究表明，行为和结果控制（action and result control）能够更好地证明信任双方受到了公平的待遇，继而有助于提升双方的可信任度，增强双方的信任。

同Velez，Sanchez and Alvarez-Darde（2008）的研究结果相类似，Langfield-Smith and Smith（2003）认为在企业的合作关系中，信任的建立特别是信誉信任，对于控制的实现起着至关重要的作用。Emsley and Kidon（2007）通过研究两家航空公司的合资企业发现结果控制（output control）、行为控制（behavioral control）和社会控制（social control）对建立能力信任提供着重要信息，而社会控

① 这里的边界管理者是指起到企业与其合作者之间的桥梁作用的，在双方之间传递信息的工作人员。

制为建立信誉信任提供相关信息。

同时，国内的一些学者也对包括合资企业在内的战略联盟伙伴之间的信任做出了研究（朱奕、陈利明和褚小辉，2010；阮平南和杨丹，2009；周杰，2009；张干军，2009）。比如，江旭、廖貅武和高山行（2008），使用来自127个德国联盟企业的数据证明信任通过知识获取的中介作用对企业绩效产生正向影响，而冲突对知识获取的影响作用并不显著；权英（2009）探讨了企业战略联盟中信任的作用，她认为信任有利于实现联盟的整体目标，落实联盟冲突的管理，促进联盟间知识共享和相互学习以及有效地降低联盟的运行成本。她提出企业可以通过注重建立自身可信任的形象、建立机会主义行为的防范机制以及良好的社会环境制度等机制来发展信任；黄玉杰（2009）指出了信任和声誉可以作为基于社会关系规范的非正式的联盟治理机制，他认为信任和声誉不仅可以作为有效的进化选择机制来避免资产专用性中的机会主义行为，还可以降低层级化治理结构的官僚成本。

以上研究尽管在一定程度上对于合资企业中的信任进行了阐述，但存在着一定的局限性。首先，这些研究提出的信任概念大多忽略了信任主体的多样性，缺乏对于多维度信任的具体描述，没有形成一个总结多元组织信任和个人信任之间联系的理论框架。其次，这些研究并没有深入地阐述发展中国家情境下，信任与控制的相互关系，特别是信任与合资企业所采用的正式控制以及社会控制之间的关系。第三，现存的研究中并没有适用于中外合资企业中的促进信任发展机制的讨论。同时，现存的文献中大多将信任作为一个独立的因素进行分析（Rousseau et al.，1998），从而忽略了可以影响信任的外界条件。本文将综合关于合资企业的管理控制以及信任两个研究领域的文献，提出一个阐释信任、促进信任发展的机制以及管理控制体系三者关系的理论框架，从以上三个方面对当前的理论进行补充和扩展。下一部分将对这一理论框架进行详细的论述。

6.3 理论基础和研究命题

6.3.1 合资企业信任的多层次概念

信任的定义在理论界一直是多样的，有的是从经济学角度以动机（incentive）为出发点，有的则从社会学角度以社会关系（social relationship）为出发点，本文采用比较通用的定义(Barney and Hansen,1995; Ring and Van de Ven,1992; Sabel,1993; Sako,1992),认为信任是一方对另一方的一种信心和期待(expectation),预期被信任方在经济交易(economic exchanges)中可以完成规定的责任义务,同时不会利用信任方的弱点(vulnerability)来获益。在此定义的基础上从信任的对象上看,信任可以分为能力信任和信誉信任(Dekker,2004; Emsley and Kidon,2007)。能力信任是对被信任方有能力完成应尽的职责的信心,而信誉信任是对被信任方不会利用机会谋利的期待。信任从其主体上来划分,大多被分为组织信任和个人信任(Dyer and Chu,2000; Dyer and Chu,2011; Selnes,1998)。严格上说,组织不能"信任",只有"个人"才能有信任的感情,因此,组织信任被定义成为"一个组织的成员分享对以另一组织成员的能力和信誉的信任"(Dyer and Chu,2011; Selnes,1998)。然而,在合资企业中,一个组织的不同组成者很难对另一个组织持有相同程度的信任,同时,一个组织的成员对另一个组织的不同组成者也可能会抱有不同的评价,例如一个企业的经理和员工对另一个企业的信任程度可能存在着较大的差距,或者一个企业的经理层对另一个企业的采购人员和技术人员也可能有着不同程度的信任。因此,为了进一步优化上述关于组织信任的定义,我们将组织信任的主体限定为合资企业双方母公司的董事会。① 在合资企业中,双方的董事会是最高的权力机关,董事会成员在做出相关合资企业的决定时意见一致。作为组织信任主体,一方面合资双方董事会之间的信任是合资企业间组织信任的最好体现,董事会成员所分享的对合资另一方董事会的信任被认为是合资企业中的组织信任;另一方面,董事会是母公司权力机构的体现,因此我们将董事会对于其所委派至合资企业高管的信任定义为母公司对于所委派至合资企业高管的组织信任。

为了展示信任的多元化和多层次性,本文进一步将组织信任和个人信任按照信任的不同主体进一步细分,并对合资企业中的不同层次(组织和个人)以及不同的信任主体将合资企业中信任的概念进行如图 6.1 的阐述。

① 这里的母公司董事会主要包括双方股东以及合资企业中的非执行董事。

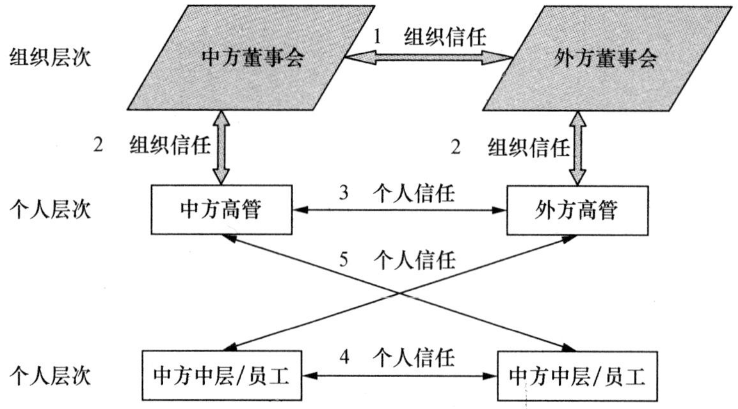

图 6.1 合资企业信任的多层次理论框架

本文所讨论的合资企业的信任包含组织信任，具体分为：第一，合资企业股东双方董事会之间的信任，主要是投资双方企业对合作伙伴的信任。包括对于合作伙伴能力、市场竞争力的信任，对于通过合资企业完成一定目标的期待。这种信任的主体是指以双方股东为代表的合资企业的母公司，主要属于组织信任的范畴。第二，股东双方董事会以及所委派的高管之间的信任，主要指母公司董事会对于其所委派至合资企业工作的高管的信任。例如，当合资企业的利益与母公司利益出现冲突时，高管人员的决策是否会与母公司利益保持一致。

根据信任的不同主体，合资企业中的个人信任可以进一步分为：第一，投资双方委派的高管之间的个人信任，包括对于另一方所委派的高管的能力信任，以及对另一方高管会从本合资企业的总体利益出发的信任。第二，中层管理人员以及员工之间的信任，主要包括双方日常工作中对于所产生的矛盾的处理态度、是否信任对方的能力以及是否信任对方始终维护合资企业的共同利益。第三，投资双方的高管对于对方雇用的中层管理人员以及普通员工的信任，主要指合资企业的高级管理人员对于对方所聘请的中层管理人员以及普通员工的工作能力、工作态度以及信誉的信任。

上一部分对于不同层次、不同主体的信任进行了详细的阐述，在此基础上，本文将进一步探讨不同信任，特别是组织信任和个人信任之间的相互关系。

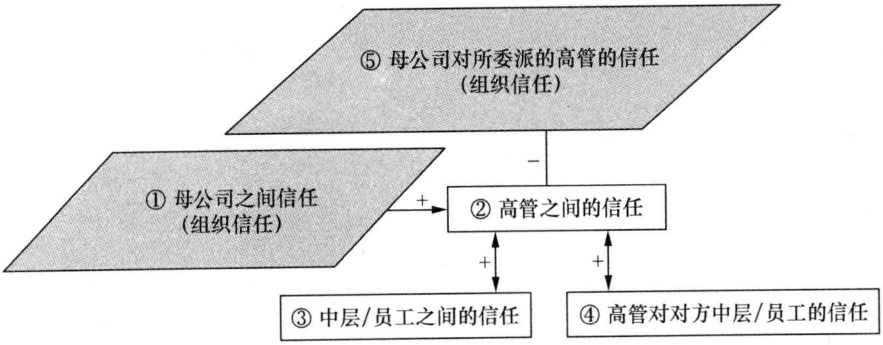

图 6.2　多元信任之间的相互关系

如图 6.2 所示。

1. 合资双方股东之间的信任（图中①）和高管之间的信任（图中②）将相互促进。母公司之间的信任是高管之间的信任的基础，只有当母公司之间对对方的能力和竞争力有了一定信任之后，合资企业才能顺利建成，高管之间才能就合资企业的发展战略取得一致的意见；另一方面，高管之间的交流畅通，相互尊重和理解同样可以促进母公司之间信任的发展，高管之间的个人信任是股东之间的组织信任发展的基础。组织信任和个人信任之间是相互促进的关系。

2. 高管之间的信任（图中②）与中层/员工之间的信任（图中③）以及高管对对方中层/员工之间的信任（图中④）之间也是互相促进的关系。高管的相互信任是中层/员工的信任基础，中层/员工大多会与高管的意见保持一致，高管之间的信任可以促进中层/员工之间信任的发展；反之，如果中层人员的沟通不顺利，反馈给高管负面的信息，也会对高管之间的信任有负面影响。同时，如果高管之间相互信任，则对对方所聘用的中层/员工人员的能力和信誉产生信任；反之，如果高管对对方中层/员工的能力信誉产生质疑，则会影响高管对对方高管能力的判断。

3. 在一定情况下，高管之间的信任（图中②）会对母公司董事会对所委派至合资企业任职的高管的信任（图中⑤）产生负面的作用。在母公司与合资企业利益发生冲突的情况下，如果高管之间的信任强度较高，双方对合资企业产生了较强的忠诚感，高管则会倾向于将合资企业的利益置于首位，从而在一定程度上忽略了母公司的利益。

根据以上理论探讨，本文提出研究命题 6.1 和研究命题 6.2。

研究命题 6.1：合资企业中的组织信任（双方董事会之间的信任）和个人信

任之间是相互促进的关系。

研究命题 6.2：合资企业中高管之间的信任度越高，母公司董事会对所委派至合资企业任职的高管的信任程度则越低。

6.3.2 管理控制的定义和分类

在组织管理学领域，控制被认为是管理组织的各种机制，组织的领导者利用这些机制来确保员工的行为和组织的目标及战略保持一致（Langfield-Smith，1998；Langfield-Smith and Smith，2003； Merchant and Van der Stede，2007；Ouchi，1979，1980）。按照不同的机制来划分，控制可以分为正式控制和社会（非正式）控制（Dekker，2004；Langfield-Smith，1998；Langfield-Smith and Smith，2003）。正式控制一般包括企业的规则制度、治理结构、工作流程、信息系统、责任体系、人事制度、预算制度、绩效管理制度等可见的客观的控制机制。这些控制机制包含结果控制（要求员工达到实现特定的结果）和行为控制（对于员工的行为和决策做出实时监控）（Merchant and Van der Stede，2007；Ouchi，1979）。社会控制（或非正式控制）包括非书面的政策、企业的文化、共同的价值、信念和行为模式、共同的目标和战略、关系网络（Otley，1994；Ouchi，1980）。尽管社会控制在很大程度上是无形的，但实证研究表明社会控制在规范员工的行为和实现企业目标上起到了至关重要的作用（Emsley and Kidon，2007；Langfield-Smith and Smith，2003）。社会控制一般是通过创造独特的企业文化，建立企业员工可以共享的价值观、信念和知识库来实现的，本文所考虑的社会控制手段包括学习和培训机制、知识和技术传递机制以及合资企业的独特的文化和战略目标的建立。企业可以充分运用这些机制，通过增进员工的共同语言，加深其对公司制度的熟悉程度，提高员工的忠诚度来增强企业对员工的控制。

6.3.3 信任、控制与促进信任发展机制的关系

信任和控制的关系一直是中外研究学者关注的热点，而这些研究所得出的结论却大相径庭。一些学者认为控制机制的实施是一种不信任的表现，有损信任的发展（Ghoshal and Moran，1996；Gulati，1995）；一些认为控制和信任是可以相互促进和相互替代的（Poppo and Zenger，2002； Zaheer and Venkatraman，1995）；还有一些观点则认为信任和控制之间并不是单一的关系，例如 Tomkins（2001）认为，控制在信任发展初期可以创造一个公平的环境以利于信任的发展，而在信任程度较高的时候控制才会有损信任。本文同样认为，信任和控制之

间并非一一对应的单一关系。高度的信任为社会控制提供了基础,减弱了正式控制的实施力度。合资企业双方员工通过社会控制的不同机制发展了双方的合作和个人感情,提高了双方的兼容度,培养了共同的文化、价值和信念,进一步加深和强化信任程度,形成了一个正向循环。本文的下一部分将具体阐述促进信任发展的机制,展示信任和不同控制机制的关系。

在对现有文献中的理论框架(Chua and Mahama,2007; Das and Teng,2001; Inkpen and Currall,2002; Selnes,1998)做出修正的基础上,我们认为促进中外合资企业信任发展的机制主要包括以下几个方面。

(1) 合作期间的沟通合作(interaction and cooperation)。合资双方在合作期间共同设计参与的项目方案越多,双方之间的交流和合作越频繁,双方相互的理解越充分,则双方的信任程度越强(Chua and Mahama,2007)。合资双方的沟通可以表现为正式和非正式两种。无论是正式的开会期间、日常工作中的沟通,还是8小时工作之外的非正式沟通,都在一定程度上促进了双方的相互磨合。同时,语言在双方的沟通中有着重要的影响,由于中外合资企业双方的语言不通,加之翻译在一定程度上存在失真,将会对双方的沟通交流产生负面的影响,有碍双方信任关系的建立。

(2) 高管的个人感情(personal feelings)。合资企业中高管的个人感情从以下两个方面促进合作双方信任的发展:① 合资企业高管之间的私人关系。高管之间的私人关系越亲近,双方之间的交流越畅通,对另一方的理解就越充分,从而促进双方信任的增强。合资企业双方的高管只有充分理解和尊重另一方不同的文化、不同的工作习惯以及不同的社会关系,才能做到求同存异,发展合作、建立双方良好的信任关系。(2) 高管在合资公司任职的周期。母公司所委派的高级管理人员在合资企业任职的时间越长,高管人员对合资企业的经营情况越了解,感情越深厚,忠诚度越高,信任程度也相应越强。需要注意的是,个人感情在一段合资关系开始的初期非常重要,但是其重要性会随着合资关系的持续发展而逐渐下降(Selnes,1998)。

(3) 合资双方的包容度(organisation fit and compatibility)。这一机制主要是指合资双方母公司之间对于公司文化、人力资源政策以及行政程序之间的相似性。母公司之间的相似性可以帮助合资伙伴建立信任和增强知识的可传递性,有利于双方共同观点基础的建立和形成。合资双方的兼容性可以从很多方面发展而来，包括相似的公司文化、公司价值、相融合的控制和决策体系、相似的工作表现评定体系以及可以融合的战略目标。同时，合资双方的兼容性表现在合资双方是否将合资企业视为双方利益的共同体。双方的命运是共同的，双方的决策均需从合资公司利益最大化的角度出发（Inkpen and Currall，2002；Selnes，1998）。

（4）对于合资对方的竞争力的评估（evaluation of partner's competence）。信任是建立在信任方确信被信任方有能力完成事先约定的义务的基础上的。只有当合作的一方对另一方的能力、市场竞争力以及发展前景做出了正面的评估，对于其信任才能得以发展（Das and Teng，2001）。

以上四个机制可以促进多层次信任的发展，而信任增强的结果是合资企业中正式控制力度的减弱和社会控制力度的加强（Tomkins，2001；Vélez，Sánchez，and Álvarez-Dardet，2008；Vosselman and Van der Meer-Kooistra，2009），社会控制主要表现在三个方面，下面的部分对其分别做出充分阐述，并将解释社会控制的应用，进一步促进合资双方信任的发展：

（1）合资企业的独特的文化和战略目标的建立，此项控制方式将有助于增强合资双方对合资企业的忠诚度。例如，提出统一的口号、发展目标，重视公司文化的融合和发展等。这些控制方式将通过增进合资双方的交流和理解，提高双方对合资企业的忠诚度，从而促进信任的发展。

（2）知识和技术传递机制，即合资企业设立的对于相关生产知识技术的教学实践机制，比如，派遣技术人员来合资公司进行指导，将合资企业员工派遣到母公司总部学习相关技术，共同建立科研中心等。双方多层次的信任关系将促进此项控制活动的执行，同时，以上多项控制方式将进一步增强双方的信任基础，提高外方对中方的能力信任（Vélez et al.，2008）。

（3）学习和培训机制。对合资企业的员工设立的培训系统，增强双方的融合性，使先进的管理体系和工作方法得以在合资企业中顺利实施，增强双方的融合度以及合作强度，从而进一步促进信任的发展（Dekker，2004）。

综上，信任的增强将促进社会控制的实施，减弱正式控制的必要性，从而促进增强信任的机制的发展，进一步增强合资企业双方信任的强度（图6.3综合阐示信任、控制和促进信任发展机制之间的关系）。据此，提出研究命题6.3和研究命题6.4。

研究命题6.3：合资双方的高度信任将增强社会控制的实施力度，同时削弱正式控制的实施力度。

研究命题6.4:社会控制实施的效果将促进合资企业双方信任程度的发展。

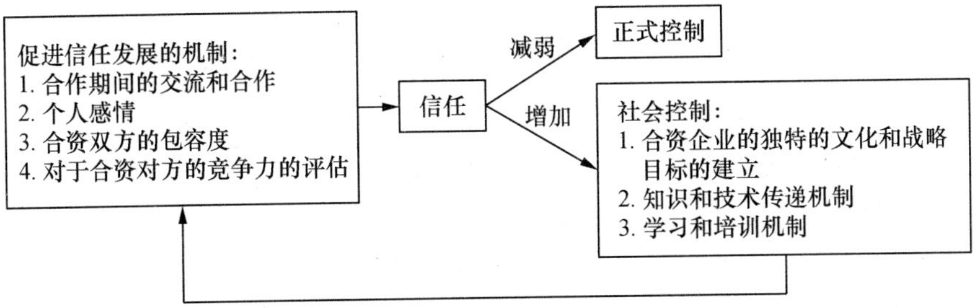

图6.3 信任、控制与促进信任发展的机制的关系

6.4 案例研究法、案例企业以及实证资料的选择依据

本研究采用多案例研究的方法,多案例研究为本研究的外在效度(external validity)提供了强有力的支持。根据Yin(2009)和毛基业、李晓燕(2010),多案例的研究方法可以在不同环境(context)下反复试验,通过复制逻辑(replication logic)检验、印证以及加强印证所提出的理论框架,提高研究的可复制性(transferability)和延伸性(generalizability),即多案例的研究方法可以提高本文的理论框架在其他企业环境下的适应性。本文是在提高研究的外在效度和内在效度(internal validity)原则的指导下,对研究案例以及实证资料实施选取。

6.4.1 外在效度

多案例研究方法下,案例的选择以及案例数量的确定都对所提出理论的印证效力有着重要的影响。毛基业和李晓燕(2010)指出,"选用案例是根据它们是否特别适合发现和扩展概念之间的关系和逻辑来决定的"。因此,选取的案例应该尽可能多样化(versatile)以达到印证所提出的理论模型的目的;同时,选取案例的数量应足够多,确保足以扩展理论模型中概念之间的关系。为了提高本研究的外在效度,选取了汽车行业的五个中外合资企业进行案例研究(上海大众、广州本田、一汽丰田、华晨宝马和北京现代),这是因为:① 这五家合资企业有着完全不同的中方与外方股东;② 这五家企业在不同的时间成立于不同的社会政治背景环境下;③ 这五家企业位于不同的城市,它们置于不同的地域和社会背景之中;④ 我们对这些案例公司已经长期关注,资料丰富,进行过多次深度访谈。以上四项背景条件的多样化、案例的数量及充分的研究资料确保了理论框架得以在不同的历史、社会、政治、文化以及语言环境下反复印证，以保证所提出的理论的适用性。

6.4.2 内在效度

本研究对于实证资料的选取是建立在力求提高研究内在效度的基础上的。首先，对于案例公司的选择，为了排除合资企业所在行业和双方股东持股比例对于双方股东之间的信任以及所采用的控制机制的影响，我们选择了五家处于同一行业以及具有同样持股比例的合资企业。同时，为了确保实证资料足以检验论证所提出的理论框架，以及构造完整和可靠的实证资料，按照 Denzin and Lincoln (2005)和 Yin(2009)的证据能够相互印证(triangulation)的要求，本文从不同渠道对这五个案例进行了数据收集，以确保不同渠道的数据可以互相印证，同时加强所收集的数据的真实性和客观性，进一步论证本文提出的理论框架。具体方式如表 6.1 和表 6.2 所示。

表 6.1 多案例的数据收集渠道

案例	所收集实证资料的渠道			
上海大众	调研经历(2008 年 6 月) 1 次现场调查、持续的电话和电子邮件方式沟通	访谈	调查问卷	出版书籍 网上资料①
广州本田	调研经历(2007 年 8 月,2008 年 9 月) 先后 3 次现场调查、持续的电话和电子邮件方式沟通	访谈	调查问卷	出版书籍 网上资料
一汽丰田	调研经历(2008 年 1 月—2009 年 1 月) 先后 3 次现场调查、持续的电话和电子邮件方式沟通	访谈	调查问卷	网上资料
华晨宝马	调研经历(2009 年) 先后 2 次现场调查、持续的电话和电子邮件方式沟通	访谈	调查问卷	网上资料
北京现代	调研经历(2006 年—2009 年 4 月) 先后 3 次现场调查、持续的电话和电子邮件方式沟通	访谈	调查问卷	网上资料

① 网上资料主要是来源于新浪网、21 世纪经济报道等有关事实性的报道资料。

其中,具体的访谈对象、问卷调查对象以及问卷回收数目详见表 6.2。

表 6.2　访谈与调查问卷的相关信息

	访谈对象	问卷调查对象及回收数量
上海大众	中方:母公司[①]投资部经理 1 名 合资公司股东/非执行董事 1 名 合资公司高级经理 1 名 合资公司中层经理 3 名、员工 2 名 德方:合资企业执行董事 1 名 合资企业高级经理 1 名　(共 10 名)	回收调查问卷 14 份 其中:董事会成员 2 份 高级经理 2 份 中层经理和员工 10 份
广州本田	中方:母公司[②]高级经理 3 名 合资企业非执行董事 1 名 合资企业高级经理 2 名 合资企业中层员工 3 名 日方:合资企业执行董事 1 名 合资企业高级经理 2 名　(共 12 名)	回收调查问卷 16 份 其中:董事会成员 2 份 高级经理 3 份 中层经理和员工 11 份
一汽丰田	中方:合资企业执行董事 2 名 合资企业高级经理 3 名 合资企业中层经理 3 名 合资企业员工 2 名 日方:母公司[③]高级经理 3 名 合资企业高级经理 4 名　(共 17 名)	回收调查问卷 18 份 其中:董事会成员 3 份 高级经理 3 份 中层经理和员工 12 份
华晨宝马	中方:合资企业股东/非执行董事 4 人 合资企业高级经理 1 人 合资企业中层经理 2 人 合资企业员工 2 人 德方:合资企业股东/非执行董事 1 人 合资企业执行董事 1 名　(共 11 名)	回收调查问卷 8 份 其中:董事会成员 1 份 高级经理 2 份 中层经理和员工 5 份
北京现代	中方:合资企业股东代表/非执行董事 1 人 合资企业执行董事 2 人 合资企业高级经理 2 人 合资企业中层经理 3 人 合资企业员工 3 人 韩方:合资企业股东代表/非执行董事 2 人 合资企业执行董事 1 人 合资企业高级经理 1 人　(共 15 名)	回收调查问卷 10 份 其中:董事会成员 2 份 高级经理 2 份 中层经理和员工 6 份

① 上海汽车集团公司。

② 广州汽车集团公司。

③ 作者团队先后去日本名古屋的丰田总部访问 2 次。

6.5 基于五大合资企业的案例分析

本部分将对从不同渠道获取的有关五个中外汽车合资制造公司的实证资料进行分析,充分论证本文所提出的理论框架。

6.5.1 对五个中外汽车合资制造公司的具体分析

这一部分首先简要地总结了五个合资公司正式控制的背景结构。由于所选合资企业所处汽车行业的特殊性,它们有着相同的股权控制结构(见表 6.3),这就决定了双方对合资企业理论上有着对等的控制权。合资双方母公司独立委派其驻任合资企业高管的人选,中外双方按照协议的公司治理结构控制不同的部门及领域(见表 6.4),这是合资双方正式控制的重要表现。表 6.3 和表 6.4 主要介绍了五家中外合资汽车制造公司的控制背景。

表 6.3 五个中外合资汽车制造公司的股权控制情况

	上海大众	一汽丰田	广州本田	华晨宝马	北京现代
成立时间	1985	2000	1988	2003	2002
中方股东	上汽集团	一汽集团	广州汽车集团公司	宝马集团	北京汽车投资有限公司
外方股东	大众汽车公司	丰田汽车公司	日本本田技研工业株式会社	华晨中国汽车控股有限公司	韩国现代自动车株式会社
股权比例	50%/50%	50%/50%	50%/50%	50%/50%	50%/50%

表 6.4 五个中外汽车制造公司的公司相关正式控制结构的总结①

	董事长	总经理	财务	生产	采购	质保	党务/政府	人事
控制方(人员来源)	中方(上海大众为外方)	外方(上海大众为中方)	外方	外方	外方	外方	中方	中方

6.5.2 多层信任理论框架的实证分析

通过我们研究团队的大量访谈调研,并结合归纳调查问卷结果,综合证实了合资企业之中不仅存在着多层次多主体的信任,并且多层信任之间存在着紧密

① 其中,上海大众的董事长为外方,总经理为中方。其余四个企业的正式控制结构如表所示。

的联系。

为了具体阐释多元信任产生和相互影响的动态过程，本节的下一部分，以上海大众和广汽本田为例，以论述的形式具体分析了多重信任之间关系，充分论证了本文提出的理论框架。同时，在本部分的最后，我们以表格汇总的形式总结五家案例企业的实证资料。

1. 上海大众

(1) 中外股东之间的信任

上海大众，作为上海汽车工业的起点，成立于1984年10月10日。在合资企业的合同签订之前，合资双方经历了较长时间的接触、磋商和谈判，双方信任的第一步，双方股东之间的信任，就是在这一阶段形成发展的。考虑到改革开放初期国有企业的特殊性，合资谈判过程中起主导和决定作用的中方是以中国机械工业部和上海市政府为首的中国政府。因此，对于上海大众，在其形成发展初始阶段的组织信任的主体是中国政府和大众集团。双方的股东信任是以能力信任(capability trust)为主导，促进该信任形成发展的机制是信任方对于被信任方的能力的综合评估。具体体现在：

时任上海轿车项目筹备组组长的蒋涛回忆到：

> "我们双方尽管存在着不同的利益关系，但却有着共同的目标。大众公司拥有先进的技术、科学的管理方式；大众非常注重质量，工作风格细致周到、贴近世界。我认为，大众公司是我们理想的合作伙伴。于是我们决定与他们合作。"

从大众公司的角度考虑，时任大众集团董事长的哈恩博士认识到通过与中国的合作，大众集团可以在东南亚地区设立发展基地，进一步提升其在亚洲的竞争力。

从合资双方在合作初期股东信任的发展过程来看，合作双方要对对方的能力、市场竞争力和发展潜力进行评估。一旦评估结果认可被信任方的能力，使信任方对合资企业的发展前景产生信心，并确认双方的合作可以保证自身战略发展计划的实施，股东信任就得以形成和发展。

(2) 高管之间的信任

高管之间的个人信任是在合资双方选择合作伙伴、经营活动开始之后，在股东信任的基础上发展起来的。在上海大众，促进高管之间个人信任发展的主要机制包括理解和尊重对方文化,工作方式、双方战略目标的融合以及双方决策的共同出发点。

在上海大众,双方高管形成了统一的决策出发点。当大众的利益与合资企业的利益相冲突时,大众所委派的高管仍以上海大众的利益为重,这进一步促进了高管之间信任的发展。

(3) 中层/员工之间的信任

在上海大众,中德双方中层员工之间的信任受到中德双方高管之间信任的影响,反之亦然。高管之间的相互信任为中层员工的行为思想做出榜样,中层员工之间信任的发展是建立在高管之间的良好信任的基础上的。

德方员工在上海大众观察到,即使中方员工认为德方高管的建议是有效正确的,他们也只在征求中方领导的意见后才表明自己的态度。另一方面,中层员工之间的摩擦以及不信任会对高管之间的关系产生负面的影响。当中层员工之间由于语言交流、沟通不顺等问题出现交流障碍时,他们向高管转达的信息就可能出现负面的效果,严重影响高管之间的信任。

(4) 外方高管对中方中层员工的信任

对于德方高管而言,在上海大众成立初期,中方员工的无所事事消极怠工、工作环境的混乱无序、工人技术水平的落后都严重影响了德方高管对中方员工的信任。为了提高工厂的生产能力,培养德方对中方员工的信任,德方高管所采取的解决方案是对中方员工进行培训。在培训中,中方员工的出色表现,使得德方高管对中方员工的信任得到了较大提高,双方的沟通也得到了改善,从而增进了双方的信任。

(5) 外方董事会对所委派高管的信任

在上海大众发展的过程中,出现了合资企业的利益与大众集团的利益相冲突的情况。中德双方高管的信任以及德方高管对合资公司的忠诚度促使德方高管做出与大众利益相左,与合资企业利益一致的决定,对大众对其委派至上海大众任职的高管的信任产生了负面的影响。

德方高管决策的出发点在于合资企业利益的最大化,因此他们在一些情况下会违背大众集团的意愿,不顾来自大众董事会的威胁而做出有利于合资企业发展的决定。例如,在合资企业的发展初期,全拆散件的运输是由大众集团控股的运输公司负责的,但是由于该运输公司的运费较高,出于成本的考虑,德方高管不顾大众集团的意愿,将全拆散件的运输转包给中国的中远运输公司。由此可见，合资企业高管之间信任度越高，外方高管对于合资企业的忠诚度就越高，当合资企业的利益与母公司利益发生冲突时，外方高管就越有可能从合资企业的利益出发，做出违背母公司利益的决定，因此，母公司对于外方高管的信任就越受到负面的影响。

综上，在上海大众中，信任存在于合资企业的不同层次中，同时，多元化、多主体的信任之间存在着微妙复杂的关系。合作期间的交流和合作、个人感情及合资双方的兼容度等因素，促进着双方信任的发展，而合资双方多层次的信任的增强减少了双方股东对于治理结构控制（正式控制）的依赖，社会控制的方式得到了广泛的应用。社会控制的应用又增强了双方的交流合作、相互了解和尊重，从而进一步增强了双方的信任，形成了一个正向循环。

2. 广州本田

同上海大众相似，在广州本田成立的谈判过程中，起主导和决定作用的中方是以广州政府为首的中国政府。因此，在广州本田形成发展的初始阶段，股东信任的主体包括中国政府、广州汽车和本田集团。在广州本田成立之前，中方和日方都进行了大量的考察工作，评估双方的竞争力和发展潜力。双方股东信任的形成和发展是建立在正向的评估结果的基础上的。从本田集团的角度考虑，与广州汽车的合作为本田提供了进入中国生产销售整车的绝佳机会。中方在“货比三家”原则的指导下，通过对美国欧宝、韩国现代和日本本田三家企业29项具体条件的全面综合比较，最终确认本田的条件好过其他两家，成为广州轿车项目的新合作伙伴，这是双方多元信任的基础——股东信任的形成过程。

在股东间信任形成发展的基础上，高管之间的信任得以顺利发展。日方的首席代表宗国旨英在谈判过程中，通过频繁的接触、协调和商议，与当时主管汽车工业的广州市副市长张广宁不打不相识，成为好友，发展出深厚的个人信任。这是在建立股东信任的过程中，高管之间的个人信任得以形成发展的最佳例子。

在广州本田成立后，高管之间的信任得到进一步发展。在培养与日方的信任的过程中，中方采取的机制之一是以人为本，关怀进入广州的本田员工，通过频繁的接触，培养与日方外派高管的个人关系。双方的沟通不只限于工作中的交流，在工作之外，双方的高管经常通过吃饭等形式进行交流沟通，促进双方感情的发展（姚斌华，韩建清，2008）。

综上，在广州本田中，尽管双方起步艰难，但双方合作期间的交流和合作、高管以及相关人员之间的个人感情、双方的理解和尊重，都大大地促进了双方股东以及高管之间信任的发展，从而进一步促进了员工之间、高管对对方员工的信任。

3. 五个案例公司的实证资料总结

上一部分对上海大众和广汽本田的具体分析展示了合资企业中存在的不同主体的信任的动态关系，为了进一步支持这一理论框架，我们将五家案例公司的相关资料进行总结，如表6.5所示。

表6.5 五个中外汽车制造公司的多重信任调查结果①

		上海大众	一汽丰田	广州本田	华晨宝马	北京现代
在合资企业成立期间中外方股东之间存在信任的强度②		5	5	5	4	3
在合资企业运营期间中外方高管之间存在信任的强度	初始状态③	3	4	4	3	3
	发展趋势④	增长至5	增长至5	增长至5	增长至4	降低至2

① 该表格的结论是在调查问卷、访谈和公司调研经历的基础上得出的，"5"代表强度最高，"1"代表强度最低。

② 在众多学者对于信任定义的基础上(Child et al.,2005; Das and Teng,2001; Inkpen and Currall,2002; Selnes,1998; Vosselman and Van der Meer-Kooistra,2009)，我们将信任在合资企业的情境下定义为"组织或个人对于其合资企业中的合作者(partner)能够做出对合资企业利益最优决策的期待"。基于这一定义，我们在调查问卷中用5点选项的李克特量表(Likert scale)衡量多层次的信任。

③ 关于对于初始信任以及信任发展趋势的衡量，我们主要采取两种方式，通过不同数据的三角印证(triangulation)的方法，取得最终的综合数据指标。第一种方式，在我们的调查问卷中，对于在工作时间接近或等于合资企业存在年限的员工询问具体信任的初始指标以及信任的变化趋势；第二种方式，在对高管和员工代表的访谈中，具体询问多元信任的初始状态和发展变化趋势，再由我们参与访谈的多名研究团队队员统一意见达成共识。根据三角制衡的原则，由参与的多名研究人员进行独立分析后，经讨论形成统一的分析结果，再根据调查问卷的结果对信任的初始状态和变化趋势进行综合判断，总结后形成最终的度量结果。在整个过程中，我们研究团队的成员力求通过科学的研究方法和谨慎的研究态度，对研究对象形成准确和尽可能客观的分析结论，从而提高论文的严谨性和科学性。

④ 我们主要是通过访谈直接向合资企业的董事会成员、高级管理人员、中层经理了解合资双方主要采取的控制手段，由我们的研究团队对于收集的资料进行综合分析，遵循三角印证的多研究人员和多种资料来源的原则，得出的正式控制和社会控制的衡量结果，我们的研究团队通过分析不同调查对象的访谈资料，经过大量的讨论综合形成了最终的度量结果，在整个过程中，力求保证衡量数据的准确性、真实性并尽可能地通过多元的三角印证(multi-triangulation)提高数据的客观性。

（续表）

		上海大众	一汽丰田	广州本田	华晨宝马	北京现代
在合资企业运营期间中外方中层员工之间存在信任的强度	初始状态	2	3	3	3	3
	发展趋势	增长至5	增长至4	增长至5	增长至4	降低至2
在合资企业运营期间高管对对方中层/员工存在信任的强度	初始状态	2	3	3	3	3
	发展趋势	增长至5	增长至5	增长至5	增长至4	降低至2
在合资企业运营期间母公司对所委派的高管存在信任的强度	初始状态	5	5	5	5	3
	发展趋势	降低至3	降低至4	降低至3	降低至4	增长至4

表6.5总结了我们在访谈和问卷调查过程中所得出的实证分析结果，我们的实证资料进一步证明了合资企业中前四个层次的信任（中外方股东之间的信任、中外方高管之间的信任、中外方中层员工之间的信任以及高管对对方中层/员工的信任）之间是相互促进的关系，中外方中层员工之间的信任以及高管对对方中层/员工的信任的发展方向与中外方高管之间存在的信任的发展方向是一致的，中外方高管之间的信任是员工之间的信任以及高管对对方员工的信任的基础。但是，中外方高管之间的信任会对母公司对所委派的高管的信任产生负面的影响，中外双方高管之间的信任越强，高管越可能会在违背母公司意愿的情况下维护合资企业的利益，母公司对所委派的高管的信任则越低，这充分验证了研究命题6.1和研究命题6.2。

6.5.3 信任、控制以及促进信任发展机制之间关系的实证分析

这一部分主要论证了五个中外汽车制造公司之间多元信任的存在以及多层次信任之间的动态关系。本文的这一部分将会通过展示相关实证资料，论证促进信任发展的机制与信任，以及信任与不同控制形式之间的关系。

通过综合分析五个合资企业的调查问卷以及总结调研经历，表6.6总结了信任发展机制在五个合资企业的存在强度以及五个企业各自的综合信任水平。

表 6.6 五个中外汽车制造公司的信任发展机制以及信任水平的调查结果①

	上海大众	一汽丰田	广州本田	华晨宝马	北京现代
合作期间的交流和合作②	2	3	3	2	1
中外双方高管之间的个人感情③	2	3	3	2	1
双方的兼容度④	3	3	3	2	1
对于合资对方的竞争力的评估⑤	3	3	3	2	1
对于对方高管的理解和尊重⑥	3	3	3	3	1
双方之间的综合信任水平⑦	3	3	3	2	1

从表 6.6 中可以看出综合信任水平与本文提出的五个促进信任发展的机制之间存在着正相关的关系。五个机制存在度较高的企业(上海大众、一汽丰田和广州本田),综合信任的强度也最高,同时,五个机制存在度较弱的企业(北京现代),双方的综合信任水平也最低。五个机制的存在促进了合资双方综合信任的发展。信任发展的结果则是正式控制的弱化和社会控制的增强。表 6.7 总

表 6.7 五个中外汽车制造公司的主要控制手段的调查结果⑧

	上海大众	一汽丰田	广州本田	华晨宝马	北京现代
哪一个控制手段为主导	社会控制	社会控制	社会控制	正式控制	正式控制
是否存在有效的学习和培训机制	+ +	+ +	+ +	+	0
是否成立共同的科研中心	是	是	是	是	是
对合资企业的独特的文化和战略目标的重视程度和承认度⑨	+	+ +	+ +	+	0

① 表格的结论是在调查问卷以及公司调研经历的基础上得出的。

② 其中,“3”代表双方在超出正常运营需要很多的领域内有着非常密切频繁的合作交流,“2”代表双方在超出正常运营需要较多的领域内有着一定的合作交流,“1”代表双方仅仅在维持正常运营的范围内进行中必需的合作和交流。

③ 其中,“3”代表良好,“2”代表一般,“1”代表较差。

④ 其中,兼容度的程度由高到低的顺序为“3”、“2”、“1”。

⑤ 其中,“3”代表评价较高,“2”代表评价一般,“1”代表评价较低。

⑥ 其中,双方高管理解和尊重的程度由高到低的顺序为“3”、“2”、“1”。

⑦ 合资企业双方综合的信任水平的程度由高到低的顺序为“3”、“2”、“1”。

⑧ 其中“0”代表不存在,“ + ”代表存在程度一般,“ + + ”代表存在程度较高。

⑨ 其中,“3”代表较高,“2”代表一般,“1”代表较低。

结了五个合资企业的主要控制手段，结合表 6.6 进一步阐述了合资企业的信任发展机制、信任与主要控制手段之间的关系。

从表 6.7 中展示的结果可以看出，与研究命题 6.3 和研究命题 6.4 一致，综合信任水平较高的企业（上海大众、一汽丰田和广州本田），社会控制超越正式控制成为主要的控制手段。社会控制的各种方式（包括有效的培训机制、成立共同的科研中心以及建立独特的企业文化和战略目标）则进一步促进了双方信任的发展，形成正向循环。而信任水平较低的企业（北京现代）则仍依赖股东之间职能分工等正式控制的机制，从而削弱了双方综合信任水平。

例如，在一汽丰田中，随着双方信任的提高，管理者摒弃了传统的预算方式，减弱了对双方员工的正式控制，采用了更加弹性的交互预算。交互预算中没有固定的业绩标杆，在公司的预算管理中也就没有对员工的正式预算考核及其奖惩这一环节。同时，公司更强调经营过程中的沟通、分享知识、学习、创新等社会控制方式。尊重和改善是一汽大众社会控制的核心，它鼓励员工淡化预定（预算或业绩）目标，在工作中发现问题并积极解决问题，同时公司主张尊重员工，鼓励团队合作，公司基本上没有对员工的惩罚制度，很少利用与薪酬挂钩的个人绩效评估，同时倡导集体价值观念，不强调权责的清晰界定，倡导团队的集体负责制，增强了员工的团队和整体意识，从而进一步促进了双方信任的发展，为社会控制提供了良好的运行基础。

表 6.8 综合总结了在上海大众、广州本田、一汽丰田、华晨宝马和北京现代所做的关于社会控制调查问卷的结果，就不同的衡量项目根据回馈结果对各个企业进行了排名，提供了关于社会控制的融合度的实证依据，进一步验证了本文提出的研究命题 6.3 和研究命题 6.4。

表 6.8　五个中外汽车制造公司对于社会控制调查结果的综合对比

调查问卷衡量项目	合资企业调查结果[①]
双方战略目标的实现程度	一汽丰田 > 广州本田 > 上海大众 > 华晨宝马 > 北京现代
双方人员的合作融洽度	一汽丰田 = 广州本田 = 上海大众 > 华晨宝马 > 北京现代
双方人员胜任他们工作的能力	一汽丰田 > 上海大众 > 广州本田 > 华晨宝马 > 北京现代
双方人员勤勉尽责的程度	一汽丰田 = 广州本田 = 上海大众 = 北京现代 > 华晨宝马
合资公司提供培训的次数和长度	一汽丰田 > 广州本田 > 上海大众 > 华晨宝马 > 北京现代
在合资企业工作经历中的学习收获	一汽丰田 > 广州本田 > 上海大众 > 华晨宝马 > 北京现代

从表 6.8 中可以看出，在社会控制的实施力度较强的企业（一汽丰田、广州本田），合资双方实现战略目标的程度最高，员工的兼容度最高，工作的融洽度最高，社会控制的效果最好，因此，这些社会控制所带来的效果进一步促进了合资企业双方信任的发展。

为了进一步展示促进信任发展的机制与信任，以及信任与不同控制形式之间的关系，本文的下一部分通过具体的分析，以一汽丰田、华晨宝马和北京现代汽车合资企业为例，详细阐述表 6.6、表 6.7 和表 6.8 的概括性结论，从而达到反复印证所提出的理论框架的目的。

一汽丰田中，中日双方有着良好的关系，信任程度很高。一汽丰田日方某部长在我们的访谈中被问及日方与中方人员合作融洽度时表示：

> “我们部的交流很好……各自（经理）对母公司负责，通过部长来整合、协调两个母公司的不同意见。在财务部我们很融洽，多为对方考虑，且能互相尊重对方意见……总体上看，双方的信任我看可以说有 70%—80% 的满意度。不能 100% 满意是因为语言问题。”

他对中方人员胜任他们工作的能力、对中方工作人员勤勉尽责的评价以及

① 此排名是通过对各个合资公司所回收的调查问卷结果的平均值进行衡量所得。

对其人品的信任程度均给出了5分的最高分。

在一汽丰田中,中日合资双方的交流和合作顺畅,对于对方的竞争力的评估很高,充分体现了对于对方工作人员的理解和尊重,这些机制均在较强程度上促进了双方信任的发展。这就决定了在合资企业中,主导的控制方式是社会控制,我们观察到正式控制的重要性较其他两间企业而言相对较弱。

一汽丰田某职能部门的中方课长在访谈中指出:

"……工人培训的方式之一(是由丰田派出专家培训)。另外我们也派人去。丰田有不同的工厂来培训刚成立的海外公司人员……一般每年每车间派30—40人"。

她表示合资双方有着较高程度的知识和技术转移:

"技术方面我们强调一起搞研发。针对我们公司的产品来做变形和改造。以前不管是新车型,还是改型、换代,都是丰田说了算。我们没有话语权。现在我们能根据中国的市场情况来决定什么时候变形。这是研发中心现在做的工作。以后会研发一些新车型。"

"一汽在不断地轮换干部。从自身感觉来说,管理的理念是变化了。也学到很多丰田的管理方法。"

以上的访谈内容以及其他调研资料均表明,日方通过大量的培训,将丰田生产方式移植到合资企业中。员工接受了有关看板管理、6S管理、持续性改进、零库存管理等现代管理方式的培训,员工具有较强的荣誉感和责任心,双方高管就公司的战略和发展有着统一的规划。信任程度的增强导致了正式控制的减弱以及社会控制的增强,而社会控制的具体方式(学习和培训机制、知识和技术传递机制以及合资企业战略目标的建立)增大了双方接触的频率,促进了双方相互的理解尊重以及步调的一致性,这又进一步促进了双方信任的发展。

在华晨宝马中,我们观察到合资双方股东有着良好的关系,但较一汽丰田而言,华晨宝马对于知识和管理经验的教育培训重视不足,德国宝马对于核心技术高度垄断,公司的控制方式以财务控制为主,这些降低了双方的信任程度。同时,对北京现代的调研表明北京现代的中韩双方员工对于对方的信任程度很低,利益冲突和文化差异严重影响了双方的合作关系,双方较低的信任程度在很大程度上决定了北京现代的控制体系仍以正式控制为主,很少有员工曾经接受和他们职责相关的培训,双方也并未共享统一的战略目标,而中方员工一致认为技术转移的实现程度较低。对正式控制的偏重以及社会控制的缺乏增大了中韩双方管理人员之间的距离,降低了双方的信任。

6.6 结语和一般启示

本文明确定义了合资企业中外股东之间、中外高管之间、中外员工之间、中外高管与对方员工之间以及中外股东与所委派高管之间五个层次间的信任,细化了现有理论中组织信任和个人信任之间相互交织和复杂微妙的关联。本文所提出的理论框架列举了在合资企业中信任增强如何导致控制机制的变更,通过对五个案例的深度分析证明了所提出的理论框架:① 随着信任程度的增强,正式控制在合资企业中的应用逐渐降低,而以学习和培训机制以及合资企业的战略目标的建立和文化的构建为主体的社会控制逐渐增强。② 社会控制的增加促进了合资高管间个人感情的发展,增强了双方股东的相互尊重,最终极大提高了合资合作的决策效率和控制绩效。

本文的结论对合资企业的理论研究具有以下贡献:第一,合资企业中的信任应该是一个复合的概念,理论研究不应将多元化的信任局限于单一组织或个人层次的简单表达;同时,组织信任的定义也不宜将信任的主体过度扩大,提出在合资企业中,董事会之间的信任是组织信任的具体体现,这个主张应该可以引申到一般企业的组织信任的研究。第二,本文凸显了组织信任和个人信任之间的交互作用与相得益彰,这对不同层次信任之间关系的理解起到了借鉴意义。第三,本文深入探讨了在新兴市场的合资企业的情境下,信任与控制的相互关系,填补了当前信任与控制两类文献中的空白。第四,本文具体阐释了不同的控制机制与信任的不同关系,同时展示了信任增强→社会控制→信任增强的循环关系。

此外,本文的研究成果对于合资企业的实践有如下启示:第一,本文深入探索了组织信任和个人信任的复杂关系,指明在实践中,在合资企业的建立和发展的不同阶段,应大力发展个人信任,这是改善合资企业双方的组织信任,是提高双方的决策效率,实现合资企业价值最大化的重要途径。个人信任如果得到有效的发展,其作用将超过正式控制的效果。第二,本文在合资企业个人信任中强调了高管之间的个人信任的重要性，在合资企业管理实践中，要立足这个层次的信任以巩固、架构整个合资企业中组织信任、员工与高管之间以及员工之间的个人信任。第三，本文揭示了信任与控制的关系，合资企业应该致力于信任的发展，并以此改进控制机制，放松正式控制的力度，促进社会信任机制的实施，降低正式控制引起的双方冲突，从而提高合资企业的决策效率。第四，本文指出并验证了社会控制的主要机制对于双方信任的影响，为合资企业促进信任的发展指明了方向，强调合资企业应该通过非正式沟通、知识传递、文化的建立、战略目标梳理等方式增进企业信任。

为了提高研究的内在效度，排除行业以及持股比例对于合资企业中信任和控制机制的影响，本文将研究的案例限定为汽车行业以及双方具有相等的股权比例的合资公司。因此，如何将本文的研究结果扩展到其他行业并涵盖更为广泛的案例企业，也是未来学者以案例研究或大样本研究的方法进一步拓展验证本文所提出的理论框架的研究方向。

7　母公司文化控制力：中外合资企业文化陈述的差异与融合
——基于中外合资汽车公司的多案例比较

【摘要】 跨文化问题已经成为合资企业管理控制研究的热点。我们在相关文献述评的基础上，搜集整理了9家中方汽车集团公司、14家外方汽车集团公司、28家合资汽车企业各自的企业文化陈述，然后采用分类统计、比较"关键词"的方式，从母公司控制力的视角，重点探讨分析了中外合资公司的文化陈述受中外各方母公司文化陈述的影响程度，以判别中外母公司对合资企业的文化控制力的差异及其具体表现。基本结论是不同母公司的文化控制力差异巨大，尤其是中方母公司的控制力普遍低于其在合资企业的股权比例，但是大部分合资企业的文化建构都处于融合中外母公司文化的区域，跨文化整合的现实十分明显。本文的不少结论都有异于先前学者的研究发现，并深化了人们对中外合资企业跨文化问题的认识。文章最后简要说明研究结论与局限。

7.1　引言

"文化"是一个含义十分广泛的概念。在对文化的研究中，不同的学者从不同角度定义、描述文化，有人归纳了学者们给"文化"下的超过100种的定义，其概念五彩缤纷、层出不穷。但是这些描述有一个基本共识："文化"包括了一些类同的元素，是共同的价值观、信念和行为方式的总和，是一个主观性强的"非常稳定的综合体"，而且文化肯定是一个国家、一个企业的灵魂和软实力。从管理经济学的角度分析，企业文化是一种低成本的创立和强化契约、合作、信任的方法，良好的企业文化能节约交易费用、降低沟通成本、强调共同目标、改进效率，是一种难得的战略资产（William Boyes，2005）。

全球化、"世界是平的"已经成为当代社会商业行为的显著特征，合资、合作、国际贸易、国际金融使得不同文化差异始终处于频繁的交流、碰撞、冲突与融合之中，"跨文化"（cross-cultural）课题也已激发出越来越多学者的研究热情。

在管理行为、心理的研究中，主要集中于探讨不同文化之间的共通性与差异性、区分真实的文化差异与表层印象，以及分析如何在管理中避免、缓解由于文化差异导致的误解和冲突，并充分利用多元的文化资源推动组织的合作、创新等（陈晓萍，2008）。

从母公司视角来看，探索合资企业的管理控制系统的构建一直是组织管理、管理会计的热点话题之一。随着跨文化问题的提出，管理会计学者也热衷于把传统的管理控制工具如预算、长期计划、业绩评价、薪酬激励嵌入文化维度（dimensions）并取得了一系列研究成果（Birnberg and Snodgrass，1988；Harrison，1992，1993；Ueno and Wu，1993；Chow et al.，1994，1996；Harrison et al.，1994；Merchant et al.，1995；O'Connor，1995，Yi Feng Chen，Dean Tjosvold，2004）。

从理论上看，从文化角度研究合资企业管理控制的设计与效果，有两个选择基础：一是以母公司文化为基础；二是以合资企业所在地的文化为基础。究竟是母公司文化还是当地文化对合资企业的影响力更大呢？从现有文献结论分析可能是母公司文化更占主导。从合资企业实践上看，母公司文化控制的主要任务是把子公司的组织文化凝集在母公司整体战略的周围，促进母子公司之间形成牢固的信任关系。构建求同存异的信任、合作文化，显然要比单纯追求"大统一"文化需要更多的人文关怀，是更有针对性的领导艺术（郭朝阳等，2008）。但是学者们比如 Chee W. Chowa，Michael D. Shields，Anne Wu（1999）的研究都特别关注合资企业员工对其管理控制系统的权力集中度、业务结构、参与预算、预算标准执行力度、参与业绩评价等彰显公司文化的具体表现及其效果。我们认为这些研究有两个方面的明显不足：一是这些现象只是企业文化在员工行为上的具体表现和效果，然而这些行为和心理表现归根结底还是受制于整个合资企业的基本信条和价值观，所以这些研究还要向"更高的精神层面"即企业文化的核心层升华。二是合资企业的文化构建肯定是源于两个途径，即要么是从母公司"移植"过来的，要么是合资公司自身"原创"的，基本上不传承母公司文化。如果是前一条途径，新的问题就出现了：主要传承外资母公司的文化还是本土母公司的文化呢？两个母公司又是如何谈判、如何实现协调的呢？合资各方是否现实存在文化强势方和文化弱势方？如果是后一条途径，母公司的控制力是否虚置呢？把以上两个问题结合起来开展研究，即从公司最高的精神文化构建透视中外合资企业母公司的控制力是本文的落脚点。

本文在文献分析的基础上，通过搜集整理中、外汽车巨头（母公司）的各自文化陈述，当然重点是分析它们在中国境内合资设立的汽车子公司的文化陈述，通过比较“关键词”的异同，探讨分析合资子公司的文化陈述受中方和外方各自股东文化陈述的影响程度，包括影响内容的差异，以判别中外母公司之间、不同国家母公司对合资企业文化的“控制程度”差异及其表现，以此判断母公司文化控制力，并从文化陈述上探讨合资企业文化冲突、跨文化问题的融合路径，希望以此丰富和深化合资企业管理控制系统的理论研究。

本文包括四大部分：第一部分是关于企业文化、合资企业控制的文化冲突与融合的文献回顾与述评；第二部分是研究设计与资料收集；第三部分是不同的角度的数据分析；第四部分是文章总结。

7.2 文献回顾

7.2.1 关于企业文化

一般理论认为，企业文化有广义和狭义之分，广义的企业文化是精神文化、制度文化、行为文化和物质文化的总和，狭义的企业文化是指以价值观为核心的企业理念总和（精神文化）（刘光明，2002），精神文化处于企业文化体系中的最高层次和核心地位（刘爱东，2006）。企业文化是指企业员工共同拥有的、能够影响单个员工偏好和行为的一系列愿景、使命、精神和理念、行为规范等。企业文化一旦建立，就会以各种不同的方式长久存在和延续并发挥作用。

Tsui, Zhang, Wang, Xin and Wu（2006）根据企业在员工导向、关注客户、注重创新、系统管理与客户、社会责任五个方面将企业文化分为强势文化和弱势文化两种。区分强势文化与弱势文化是很有用的，强势文化具有员工共享的核心价值观的特点，员工共同的、可接受的核心价值观越多，文化的影响力就越强，对行为的影响也就越大。宗教组织、祭祀和一批日本企业如丰田等都是具有强势文化的组织（James L. Gibson，2000）。在一个强势文化的组织里，核心价值观是被广泛接受、尊重和保护的，并且不会轻易改变。

企业文化的形成需要的条件具有共通性。但是在企业文化厚重、强势的公司中,这些价值观主要出自公司发起人或企业初创时期的其他领导人。经理们也会身体力行、向全体员工言传身教、做出落实企业文化的表率,最高领导者总会通过企业庆典、仪式、谈话等反反复复强调自身的重要价值观念(Deal and Kennedy,1982)。

7.2.2 关于文化差异、合资企业管理控制与企业绩效

1. 文化差异

由于合资企业的管理控制已经跨越了国家地理界限,民族、地域的文化差异就必然浮现出来,并对管理控制系统产生压力。

关于文化差异与跨文化的研究成果,最具代表性和影响力的当属荷兰学者Hofstede(1983)设计的一种调查表,他把分发到IBM公司在全球40多个国家的办事处,回收和分析了超过11万份问卷,发现了各个国家的文化差异取决于五个纬度:权力距离(power distance)、不确定性规避(uncertainty avoidance)、长期/短期导向(long term/short term orientation)、个体主义/集体主义(individualism versus collectivism)、阳刚性/阴柔性(masculinity versus feminity)。学者们对Hofstede的质疑也不少,包括一个组织IBM是否能够普遍化其理论?这五个维度就能囊括最重要的文化维度吗?是否有其他维度被漏掉了?尽管存在这样那样的质疑甚至批评,但是Hofstede的研究已经引起了学者们对民族文化差异表现及其对行为、管理风格的影响的关注,而且他们所开发的系统已被广泛接受与运用。

Leung和Bond(2004)提出了社会通则(social axiom)结构,以此作为跨文化研究的参照体系,通过分析四十多个国家的数据得到了五个维度的社会通则结构观念,即愤世观念、复杂性观念、报偿观念、宗教观念和命运观念。House(2004)为首的学者在一个名叫GLOBE的项目对六十多个国家的文化从权力距离、不确定性规避、未来导向、社会机制集体主义、群体内集体主义、人文主义、武断性、性别平等和业绩导向九个维度进行了对比,差异明显。

2. 文化差异与合资企业组建和管理控制

理论上,文化差异的探讨对象集中于合资企业。首先,社会文化直接影响合资企业的创建。Dunning和Bansal研究了社会文化影响合资企业的很多行为,例如母国的、低度的个人主义倾向和高度的集体主义倾向(同时伴随着高的交

易成本)导致企业选择合资形式而不是其他的形式进行投资。因此,来自集体主义文化的企业比来自个人主义文化的企业更倾向于选择合资方式而不是独资方式。另外,文化肯定是企业资源的一部分。Hofstede(1983)认为历史和文化特征能够清楚地解释为什么美国管理者的行为正如管理学理论所要求的,包括结构化组织、决策制定以及沟通等,在美国的管理行为中没有什么一定是对的或者错的,正如日本、德国、墨西哥的管理行为也没有什么好坏之分,每个管理者或管理层都有自己的特殊品质。Anthony 和 Govindarajan(2004)认为对于不同文化下更为有效的计划与控制系统,可以得出几条推论:在个人主义的文化中,员工们可能更喜欢按照个人业绩进行奖励,而基于小组的奖励可能更为集体主义文化下的人所偏好。Welch(2005)以跨国公司为背景讨论了企业文化作为一种控制机制的成效,他指出,企业文化能够被管理这一想法既有广泛的支持也存在很大的挑战,而企业文化作为跨国公司控制机制的可行性很大程度上取决于员工们的反应——支持、完全拒绝或介于它们之间,从长远来看,跨国公司具有强大的企业文化未必能获得最佳利益,被企业文化洗脑的员工可能会阻碍跨国公司实施战略转变。

针对不同国家间的文化距离对子公司管控的影响这一问题,以往的研究得出了两种矛盾的结论:一种观点认为文化距离越大,公司越倾向于提高管控水平,另一种观点认为越来越大的文化距离正是公司失去管控力的表现。Wilkinson 等(2007)假设并发现了这两种矛盾观点的调和点,即子公司设立的时长能够减弱外籍员工和外国控股权带来的文化距离,文化距离对于新设子公司管控体系的影响要远远大于对原有子公司的影响。

3. 企业文化与合资企业经营绩效

这类研究成果极为丰富,研究结论也极不一致,但大体上可以归为三类:第一,最多的研究结论是“力量雄厚”或“强势”的企业文化与优秀的经营业绩相联系(Geert Hofstede,1980;Margaret H. Beyer,1988),“强力型企业文化应该是经营卓越成效的公司的推动力”(Warren Bennis,1986)。第二,这类观点认为企业中不存在抽象的、普遍适用的、有效的企业文化。基本结论是与企业经营业绩相关联的企业文化必须是与企业环境、企业经营战略相适应的文化。文化的适用性越强,企业经营业绩越好(Gordon Donaldson,1983; John P. Kotter,1990)。第三,这类观点更加直截了当:只有那些能够使企业适应市场商业环境变化并在这一适应过程中领先于其他企业的企业文化才会在较长时间里与企业经营业绩相联系。或者说，他们的研究结论是，市场适应性强、协调性好的企业文化必须有着一些与众不同的特征（Simon，1983；Peters and Waterman，1985；Kilmann，1986）。

中国学者对此也有丰富的研究成果，如罗亚东等（2002）通过对155家合资企业的分析研究验证了谈判的相关变量如何影响合资企业的绩效。研究表明，谈判话题的包容性和谈判条件的明确性与企业绩效呈正相关。而谈判的时长和政府介入对绩效无显著的影响，但能够调节条件明确性、话题包容性与绩效之间的联系，谈判的时间越长或政府介入程度越低，谈判对绩效的影响就越显著。文化距离较大时，本土公司往往倾向于更加明晰的条件和更具包容性的谈判话题，以抵消文化距离对合资企业绩效的负面影响。陈一峰等（2004）对中国来自各个行业的共230名中国员工与他们的美国、亚洲、中国管理者之间的关系进行了调查。结果表明，相互合作而非竞争或独立的目标能够帮助员工与他们的外国老板建立起良好的沟通关系，反过来也能促进领导者的工作成效、员工的忠诚，以及双方未来进一步的合作。他们指出，相互合作的目标可能是克服障碍、跨越文化界限、建立起有效领导关系的一个重要方式。

7.2.3 关于合资企业文化整合模式

解决文化冲突和跨文化问题的基本路径是实施文化整合，绝不是强调不同文化的“此存彼亡”。文化整合是合资企业文化构建的唯一路径，差异之处是整合的具体方式。跨国公司对其处于异国的子公司的文化整合的类型可以概括为四种。

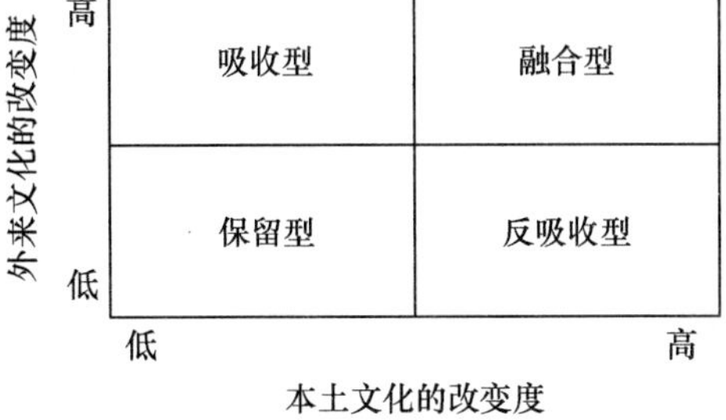

来源：Reiger 和 Wong-Reiger（1991）。

7.2.4 关于企业文化陈述

关于企业文化的具体陈述、表达，不少学者十分强调企业“愿景”(vision)、“价值观”(value)、“使命”(mission)、“目标”(objective)、“理念”(idea)、“精神”(spirit)等的差异性。我们发现无论外国公司还是中资企业，大都区别这些概念、术语，也分别对其进行提炼、陈述。尽管这些术语经常被区别使用、分别表述，但是在本质上它们具有很多相似性和交叉，称为企业文化陈述(曲庆，2007)。

文化陈述简明扼要，直观信服，令人难忘。文化建构应该纲举目张，具有统领性，同时是一个集思广益、总结提炼的过程。不过金思宇(2002)认为，中国企业文化建设的总体状况是“外显的多、深层的少；共性的多、个性的少”。从我们获取的案例资料分析，尽管中方母公司和中外合资企业的文化陈述仍有继续提炼的必要和空间，但是这些案例公司的文化陈述可以说是比较准确、到位的，已具备从中总结、分析问题的客观基础。

综合上述文献，学者们已经把文化问题作为合资企业管理控制系统的构造的重要变量加以考虑，管理控制系统中的具体手段不再孤立表现于谈判能力、股权安排、预算松紧、知识分享与技术学习等“技术”层面。文化因素肯定已经成为整合上述“技术”手段的“润滑剂”。但是下列问题似乎还是被学者们忽略，或者在研究结论上还比较肤浅：第一，母公司对合资企业文化建构到底是如何影响的？“强势文化”肯定不是简单、直观地体现治理安排、预算规划、绩效激励等。第二，母公司的文化陈述是否体现或落实到企业文化陈述之中？如果是，又是如何落实的？第三，母公司之间的文化表述的差异在合资企业是如何冲突、如何融合的？另外，合资子公司的文化陈述是否简单“复制”和“受控”于母公司？或者还是具有自己的独立性或独创能力？第四，如何将主观性、文学性很强的公司文化陈述加以定量化分析，以明晰各自的异同，并寻找文化陈述的规律性问题？对以上这些问题的思考成为本文研究的基本动机。

7.3 研究设计

7.3.1 中外合资企业主要合资股东、合资汽车公司概览

诺贝尔经济学奖得主斯蒂格莉茨曾说:“对于一个经济学家来说,一辆汽车可以用来解释经济学的几乎全部内容。”今天,中国汽车制造业已成为世界汽车竞争的主要舞台,中国合资汽车公司完全可以诠释中国对外开放的全部过程。世界著名汽车公司在中国都有合资厂商,而中国的大型汽车公司无一例外都跨入了合资制造发展的道路。在母公司(股东)层面分析,他们之间的合资联盟可以描绘成图7.1。

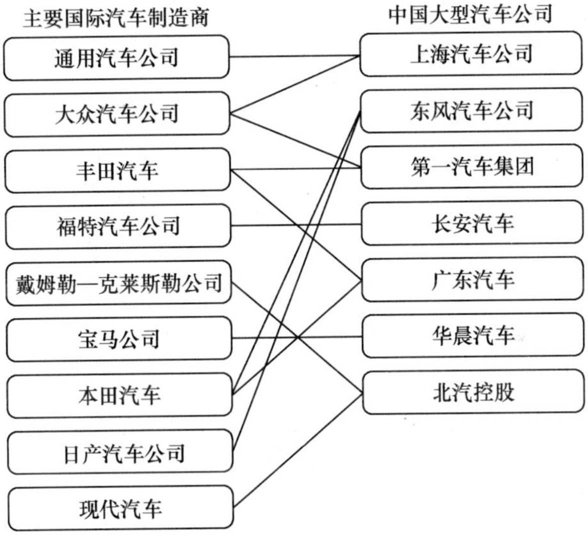

图7.1　主要国际汽车制造商与国内汽车公司合资情况

从图7.1易知,母公司在中国合资汽车公司不是简单的“一对一”合资,一个外国汽车公司可能同时与两个或两个以上的中国本土汽车公司成立合资企业;同样,一家本土汽车公司也存在同时与两家或两个以上的外国汽车公司组建合资公司的情形。这种交织的合资关系使得从母公司控制力立场分析合资企业的文化问题、管理控制系统问题就变得十分复杂。

本文之所以选择聚焦汽车产业,理由是:① 世界知名汽车制造商以较早并大幅度的合资方式进入中国汽车生产领域,使得中国的汽车产业的对外开放时

间最长、汽车市场竞争最为激烈、产品更新换代最为快捷,所以汽车行业极具中外合资的代表性。② 中外汽车制造行业企业都对文化建设特别重视,文化陈述相对成熟。比如,上海汽车集团的文化表述为 SAIC——S(满足用户需求)、A(提高创新能力)、I(集成全球资源)、C(崇尚人本管理)。这些表述都受到国资委的首肯,在行业内都有影响力。

我们获得了在中国境内的 28 家合资汽车(含发动机)制造企业,其中还有几个合资汽车销售公司,包括天津一汽丰田、上海通用汽车、一汽大众汽车、四川一汽丰田、广州丰田汽车、广州本田汽车、上海申沃客车、天津一汽夏利股份、广汽丰田发动机、广州五十铃客车、北京奔驰—戴克汽车有限公司、北汽福田汽车、北京现代汽车和华晨宝马汽车等相关资料。这 28 家合资公司几乎占据了合资汽车公司数量的全部,它们的情况应该具有特别广泛的行业代表性和说服力。

7.3.2 中外汽车公司的文化陈述概括

首先,关于企业文化陈述的定义,在本文中我们借鉴曲庆(2007)的主张,把企业“愿景”、“价值观”、“使命”、“目标”、“理念”、“精神”等称为企业文化陈述。

其次,对于企业文化的关键词的归类统计,可以参考的标准很多。如 James L. Gibson(2002)分为人和自然关系、个人主义与集体主义、时间取向、行为取向、非正式性、语言、宗教等。中国学者提出了其他一些主张。我们曾试图像其他学者一样依据 Hofsted 的权力距离、不确定性规避、长期/短期导向、个体主义/集体主义、阳刚性/阴柔性这五个维度对合资公司的文化陈述进行剖析,但是此路难通,原因有二:一是这些合资公司及其母公司的文化陈述核心内容或关键词与这五个方面的概括相差甚远;二是 Hofsted 的五个维度只适合采用问卷调查等方法取得实际数据。我们还曾打算借鉴 Chee W. Chowa, Michael D. Shields, Anne Wu (1999)的权力集中度、业务结构、参与预算、预算标准执行力度、参与业绩评价等七个方面,进行“关键词”分类分析,但是他们的分类也只适合于采用问卷调查。经过反复讨论,我们最终直接借鉴和使用曲庆(2007)综合的各种理论后,根据空间层次由微观到宏观把企业关键词划分为:个人(与个人需求和满意为重心)、人际关系(组织中人和人的关系)、组织活动、组织与环境（包括利益相关者）四个类别，整合曲庆（2007）关键词条如表 7.1 列示。

表 7.1 关键词源

类别	关键词
个人类	人本 尊重/尊严 情感 仁 正直诚实 成长/发展/培训 人 公平 快乐 热情/激情 满意 个人 家庭 自由 工作生活平衡
人际关系类	团队/团结/同心同德/协作 沟通 信任 平等 和谐 关心 开放 友好 己所不欲勿施于人
组织活动类	创新/创造 卓越/完美 超越自我 精益求精 进取 拼搏 质量 快速/效率/雷厉风行 敬业 求实务实 奉献 学习 严格 员工 责任 专业 忠诚 高效 创业精神 成本 管理 规范 科技 危机 长期 笃行 改革 纪律 价值 人才 全局 稳健 严谨 细 多样性 增长 授权 管护责任 盈利 领导 财务 主人 挑战
组织与环境类	客户/市场/服务 诚信 社会 国家 环境 股东 和谐 信誉 品牌 国际竞争 人类 政府 资本 股东 伦理 责任 领导地位

7.3.3 数据收集

我们收集了 9 家中方汽车集团公司、14 家外方汽车集团公司、28 家合资汽车制造企业的各自的企业文化陈述（具体内容可参见本文后面的附表 7.1—附表 7.3），这些资料均来自于各公司的官方网站中对其企业精神的相关描述。国外公司的原始资料主要来公司的国际官网，其资料经翻译后整理。中国公司的部分公司网站中未作具体陈述的原始资料则来自于公司简介等相关资料。我们从各公司的原始陈述中抽取其中的关键词，即有实质性内涵、对企业管理有明显指导性的词汇。用于抽取的原始资料包括企业愿景、使命、理念、价值观等企业文化精神层的内容。在抽取关键词时，将已有研究成果中所列示的关键词整理合并相同、相近词后，最终得到 4 个类别共 99 个关键词（表 7.1），以此作为从各公司表述中提炼关键词的词源。

7.3.4 数据归类计算

我们先将 14 家外方汽车公司和 9 家中方汽车公司（母公司）的企业文化陈述的关键词整理后按四个类别提取归集。随后，对 28 家合资企业的企业文化精神表述的关键词进行细分，将其与合资方——中方汽车公司和外方汽车公司关于企业文化精神表述的关键词分别进行对比，找出在合资公司中仍然保有的原合资方的企业文化精神关键词，并计算其在合资企业全部精神文化关键词中所占的数量比例。

数据整理、计算分析过程如下：① 将合资企业按照中方汽车集团公司分为第一汽车集团6家、上海汽车集团5家、广汽集团5家、东风集团5家、长安汽车3家、北汽控股3家、华晨汽车集团1家，共7系28家企业，计算出这9家中方汽车集团在其旗下的合资企业文化精神表述中的占比。同时，在对中方文化影响力的研究中引入股权比例。② 分别找出各合资企业的国外投资方，并按照外方汽车集团公司的企业文化陈述计算出其在合资企业文化精神表述中的占比。③ 分别计算出中方汽车公司、外方汽车公司以及28家合资企业文化陈述中四个类别分别所占比例。

7.4　不同角度的数据分析及基本结论

基于已有研究结论，在文化融合的过程中，强势方的文化因子会更多地被保留下来，而弱势方的文化因子则往往要进行大幅度的变革。我们据此通过分析中、外方企业文化陈述的关键词在合资企业文化陈述的关键词中的占比，探究中、外各方原有文化在合资企业文化中的传递、影响程度。

7.4.1　基于中国汽车公司(母公司)自身文化陈述分析

首先，我们针对中国汽车公司(中方母公司)自身文化陈述的关键词进行分类整理，如图7.2。从图7.2的结果中容易得出的结论：组织活动类关键词在中国各公司的比例最高，其次是组织与环境类。除了广汽的内容比较全面，四个类别相对比较均衡外，其他中国公司都有“零”关注度，尤其对个人和人际关系的关注度明显很低。这一结果与Hofstede(1991)“中国属于个人主义很低”的结论一致。

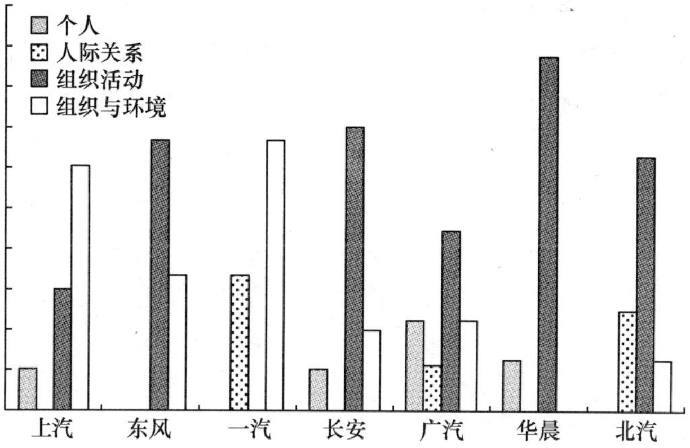

图 7.2 中国汽车公司文化陈述关键词分类图

7.4.2 基于外国汽车公司(母公司)的文化陈述分析

外国汽车公司企业文化陈述的关键词整理结果,如图 7.3,发现外国汽车公司同样侧重于组织活动和组织与环境两类,只是组织与活动类在中国母公司的占比更大。另外,虽然外国汽车公司企业精神文化陈述中个人类和人际关系类的比例较小,但对比来看明显高于中国汽车母公司。从单个公司分析,宝马和本田的四个方面最全面,而且占比均匀。最为“残缺”的是“戴—克”(这是否为两家公司合并整合失败找到了新的证据呢)。

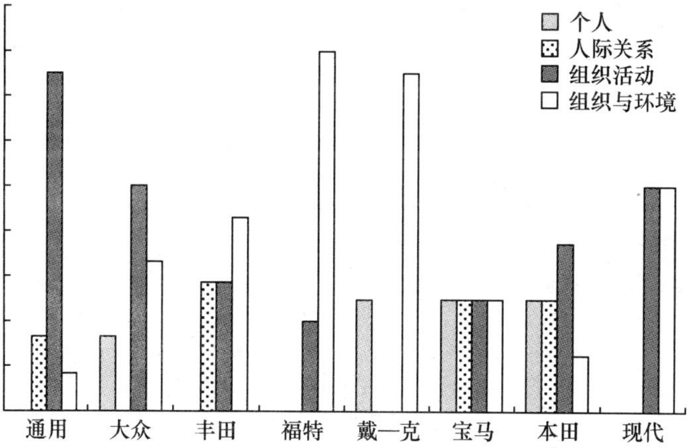

图 7.3 国际汽车制造商文化陈述关键词分类图

7.4.3 基于28家合资企业自身的企业文化陈述的分析。

图7.4显示的28家合资企业①企业文化陈述关键词分类整理结果，初步发现合资企业文化陈述的焦点同样是组织活动和组织与环境，这种分布特点与中方、外方母公司呈现一致性，可能说明合资企业在文化构建中对母公司的企业文化有所借鉴和保留。另外，可发现图7.3中除15外，11至18的合资企业文化表述均涉及四个类别，且对个人和人际关系的关注明显高于其他合资企业，这很大程度上是缘于他们的企业文化来源，以及广汽和丰田在企业文化中较好的类别互补性，而图7.2已经显示本田本身的企业文化面较全，合资公司较好地汲取了它们的文化优点。

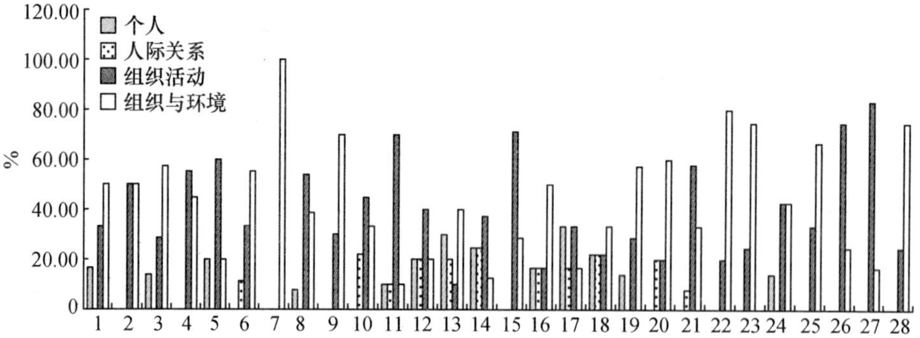

图7.4 汽车合资企业文化陈述关键词分类图

7.4.4 基于中方母公司对合资企业的文化控制力分析

图7.5是7家中方汽车集团在各自合资企业中的“平均”文化影响力。中方汽车集团对其所属的合资企业的文化影响力由高到低的排序为：东风 > 上汽 > 广汽 > 长安 > 华晨 > 北汽 > 一汽。

---

① 28家合资企业的对应编号为：1. 天津一汽丰田；2. 一汽马自达销售公司；3. 一汽丰田销售公司；4. 一汽大众汽车有限责任公司；5. 四川一汽丰田汽车有限公司；6. 天津一汽夏利股份有限公司；7. 上海通用汽车有限公司；8. 上海大众汽车有限公司；9. 上海申沃客车有限公司；10. 上汽通用五菱有限公司；11. 上汽依维柯红岩公司；12. 广州丰田汽车有限公司；13. 广州本田汽车有限公司；14. 本田汽车中国有限公司；15. 广州五十铃客车有限公司；16. 广汽丰田发动机；17. 东风本田汽车有限公司；18. 东风本田发电机公司；19. 东风悦达起亚汽车有限公司；20. 东风柳州汽车有限责任公司；21. 神龙汽车有限责任公司；22. 长安福特马自达公司；23. 江铃汽车股份有限公司；24. 重庆长安铃木有限公司；25. 北京奔—戴克汽车有限公司（前身为北京吉普汽车有限公司）；26. 北汽福田汽车股份有限公司；27. 北京现代汽车有限公司；28. 华晨宝马汽车有限公司。

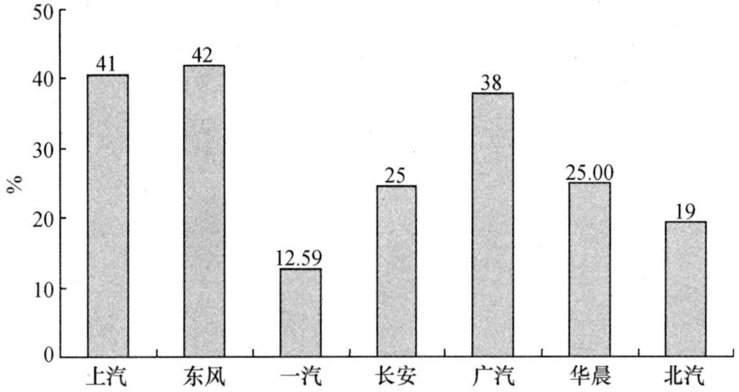

图 7.5 中方母公司文化影响力

看来中国汽车集团在其各自的合资企业中的企业文化层面都具有一定的影响力,使得中方母公司的企业文化在合资企业中得到了延续,特别是上汽、广汽和东风集团具有较高的影响分量,只是都未达到 50% 的程度,在合资企业的文化软实力较量中没有占据压倒性的优势。

7.4.5 基于外方母公司对合资企业的文化控制力分析

我们再将合资企业按照 14 家外方汽车集团公司进行分类整理,分别为美国通用 2 家、德国大众 2 家、日本丰田 5 家、福特汽车 2 家、德国戴姆勒—克莱斯勒 2 家、德国宝马 1 家、日本本田 4 家,马自达、沃尔沃、依维柯、五十铃、韩国起亚、铃木、现代汽车各 1 家。同样的,计算结果如图 7.6 所示。在外方合资方相

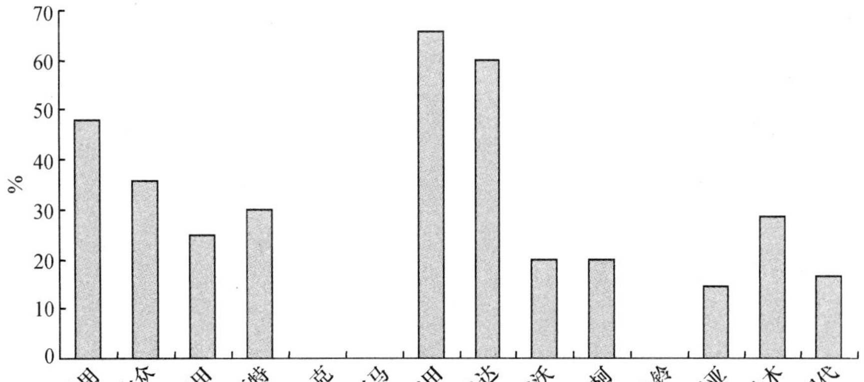

图 7.6 外方母公司文化影响力

对分散的情况下，外方汽车集团对合资企业的文化影响仍然形成了不可小觑的力量，其中，以本田、马自达、通用的文化影响力最为突出。当然也有五十铃、宝马、戴一克三个母公司的影响力为“0”的情形。

进一步根据外方合资方的所属国别比较外方汽车集团的文化影响力，按影响力大小由高到低的排列为：美国公司 > 日本公司 > 瑞典公司 > 意大利公司 > 韩国公司 > 德国公司。不过，如果剔除五十铃公司，日本公司的综合影响力会遥遥领先于美国公司。这一结论与许多学者的研究结论一致：日、美都很重视文化的对外渗透力，欧洲公司就逊色不少。但是韩国公司重视文化输出的结论得不到印证。

7.4.6 基于中方母公司在合资企业的股权比例与文化控制力的差异分析

图 7.7 体现的是中国汽车企业在合资企业中以企业精神文化关键词占比为基础的文化影响力与其股权比例的对比情况，从图 7.7 中我们可以非常清楚地得知，26 家合资企业中（16、20 的中方股权比例不详）有 22 家合资企业的中方文化影响力均小于其股权比例，有的还相差较大。这说明中国汽车母公司对合资企业的文化影响力不足。

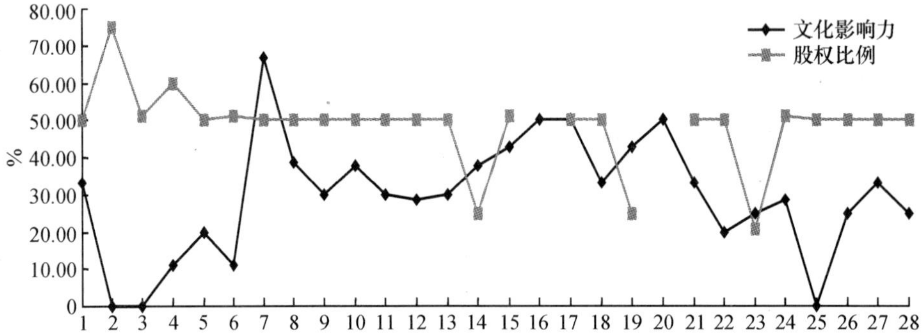

图 7.7 汽车合资企业文化影响力与股权比例曲线图

7.4.7 基于合资企业的双边母公司的文化融合状况分析

我们依照 Reiger 和 Wong-Reiger（1991）文化整合的四种类型，根据中、外汽车母公司对合资企业的文化影响力（关键词比例）对 25 家合资企业进行了分类。在我们的研究中，“本土文化改变度”对应“中方文化影响力”，“外来文化改变度”对应“外方文化影响力”，但相互呈负相关，即本土文化的改变度越高则中方文化影响力越弱，外来文化改变度越高则外方文化影响力越弱。分类结果如

图 7.8 所示。45 度线之上的公司外方文化影响力大于中方文化影响力，包括线上点共 14 家公司；45 度线以下的公司中方文化影响力大于外方文化影响力，不包括线上点共 11 家公司。从这个结果看，双方差距并不明显，但我们还应考虑外方汽车企业的股权比例不高这一情况。再将中方和外方汽车企业对合资企业的文化影响力进行整体对比，28 家合资企业的中方文化影响力平均值为 27.78%，25 家合资企业的外方文化影响力平均值为 30.74%①，高于中方的平均水平。

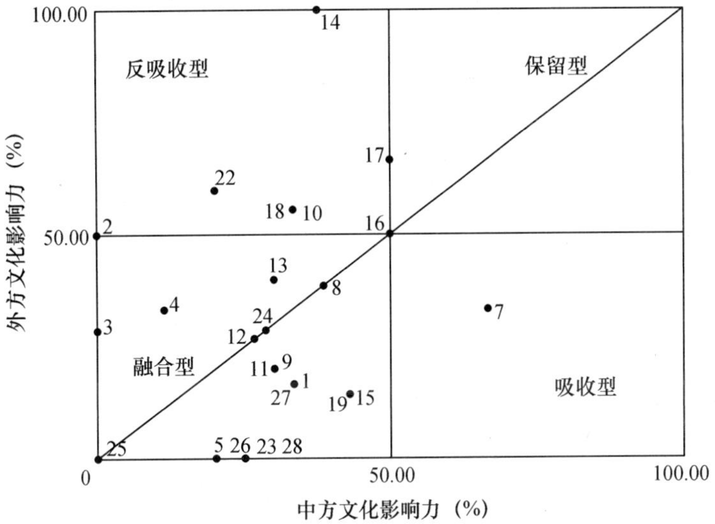

图 7.8　中外文化影响力坐标图

另外，根据各合资企业的文化整合类型，我们再次根据外方合资方的国别对合资企业进行了进一步的分类整理，结果如表 7.2 所示。我们可以看到，吸收型合资企业仅有 1 家，反吸收型合资企业有 7 家，其中中日合资企业 3 家，中美合资企业 2 家。文化融合型合资企业则以中日和中德合资企业为主。两家文化整合类型为保留型的合资企业均为中日合资企业。

① 6，20，21 三家企业的外方合资方不详。

表 7.2　合资企业文化整合类型

合资企业＼文化整合类型	吸收型	反吸收型	融合型	保留型	合计
中美	1	2	1		4
中德			5		5
中日		3	7	2	12
中瑞			1		1
中意			1		1
中韩			2		2
合计	1	5	17	2	25

可能很多人会认为,比较结果差距很小不足以说明中国汽车企业在合资企业的软实力较量中处于下风,但我们还应关注统计数字的背后。在按外方的数据整理出的结果中,有 5 家合资企业外方的关键词占比为 0%,但我们注意到中方母公司的企业文化在这几家合资企业中也并没有处于统治地位,相反,中方的关键词占比也处在 20%—30% 的较低水平。同时我们还注意到,这 5 家合资企业本身的企业文化陈述的关键词并不多,仅有三四条,说明很可能这 5 家合资企业的企业文化构建都还不够成熟,仍处于建设阶段。

我们观察到,有的合资企业完全“复制”外方汽车集团的企业文化陈述(如本田汽车中国有限公司),关键词占比达到 100%,多家外方汽车集团在合资企业中精神文化关键词占比高于其控股权,而这种情况在中方是不存在的。这也就从另一个侧面印证了外方在合资企业文化陈述方面的强势地位。

另外,从图 7.6 和表 7.2 中得知,绝大部分合资企业集中于融合型区域,这是中国合资企业文化构建的基本事实,令人欣慰。不过处于这一区域的合资企业,中外母公司双方文化影响力之和小于 100%,这种情况可能是由于合资双方企业文化仍处于磨合状态的合资企业占多数,也可能由于合资企业在合资方企业文化的基础上有了自己的自主性。“子公司与母公司之间有差异的组织文化对于合资公司并不一定是坏事,只要整体价值观不相抵触,他们的积极因素就可以相得益彰,使得母子公司的文化更富有生机,更有控制力和凝聚力。”(郭朝阳等,2008)而反吸收型区域中外双方文化影响力之和大于 100%,这很可能是中外企业文化融合的结果,中外双方在各自的企业精神文化中存在共同的因子。这一区域的合资企业的数量虽然不及融合型区域,但与吸收型区域相比,仍能够反映出外方在影响合资企业文化中的强势力量。

最后，对于在合资企业文化中国企的弱势地位，曾有学者指出这是由于长期以来我们的文化要素零碎，没有经过提炼和整合，相较于外企精炼的表述和具体的操作方法，不易被接受、执行。从我们研究中的数据整理分析结果来看，中国汽车公司已经加强了企业文化的建设力度，并在企业文化融合过程中具有了一定的影响力，但仍需继续为合资企业植入优秀的中国文化因子，在合资企业文化的软实力融合中获得更大筹码。

7.5 文章总结

本文收集了近50家中外汽车公司的文化陈述作为案例分析对象，采用提炼企业文化陈述的关键词的办法，通过分析中、外母公司及其中外合资企业文化陈述的关键词中的占比，得出中、外各方在合资企业文化中的传递、影响程度。基本结论与研究发现包括：① 中国本土汽车公司最关注组织与环境类文化构建，对个人和人际关系的关注度明显很低。② 外国汽车公司同样侧重于组织活动、组织与环境两类，只是组织与活动类在中国母公司的占比更大。个人类和人际关系类的比例较小，但明显高于中国汽车本土公司。从单个公司分析，宝马和本田的四个方面最全面，而且占比均匀。③ 28家合资企业文化的陈述同样聚焦于组织活动、组织与环境，这种分布特点与中方、外方母公司呈现一致性。④ 中方汽车集团对其所属的合资企业的文化影响力由高到低的排序为：东风 > 上汽 > 广汽 > 长安 > 华晨 > 北汽 > 一汽。⑤ 外方汽车集团的文化影响力由高到低的排列为：美国公司 > 日本公司 > 瑞典公司 > 意大利公司 > 韩国公司 > 德国公司。这一结论与许多学者的研究一致，即日、美公司都很重视文化的对外渗透力。⑥ 绝大部分合资企业中方母公司的文化影响力均小于其股权比例，有的还相差较大。⑦ 绝大部分合资企业集中于融合型区域，这是中国合资企业文化构建的基本事实。以上结论很让我们欣慰。

本研究的局限性：① 样本行业的局限。尽管多案例研究会提升案例研究内容与结论的效度，但是本文只是讨论了汽车行业，其结论是否同样适合其他行业的合资公司，我们暂时不能下结论。② 我们只是从案例公司的文化陈述的结论、结果和表象上分析问题，没有讨论这些合资公司提出各自企业文化陈述的具体动机、深层次原因和修订完善变化的过程。我们坚信这些深层次原因和变迁过程本身就隐含着错综复杂的文化冲突与融合问题。③ 本文只是用文字表述讨论母公司的控制力,没有实际调研母公司的文化对合资企业的实际影响力和这些文字表述对合资公司决策、员工行为真实影响如何。④ 缺乏文化陈述差异与合资公司绩效是否具有关联性的研究。我们认为这些局限性也同时应该成为本课题未来研究的方向。

附　中外汽车公司及合资汽车企业的文化陈述

附表 7.1　世界汽车公司的文化陈述

公司名称	企业精神(理念、文化、远景)的表述
德国宝马	企业理念:负责任的承诺。 企业文化:BMW 潜在的企业文化是基于三个原则:透明、信任和承担责任。
德国大众	集团主张:保持并创造价值。 集团价值观:贴近客户;最优性能;附加值;可更新性;尊重;责任;可持续性。
戴一克	正直、道德守则、承认其社会责任。
日本丰田	丰田基本理念:遵守国内外的法律及法规精神,通过公开、公正的企业活动争做国际社会信赖的企业市民;遵守各国、各地区的文化和风俗习惯,通过参与当地社会的企业活动为当地经济建设和社会发展作出贡献;以提供有利于环保的安全性产品为使命,通过所有的企业活动为创造更美好、更舒适的生存环境和更富裕的社会而不懈努力;在各个领域不断开发和研究最尖端的科学技术,为满足全球顾客的需求提供充满魅力的产品和服务;以劳资相互信赖、共同承担责任为基础,造就出能够最大限度发挥个人创造力和团队力量的企业文化;通过全球化的创造性经营努力实现与社会的协调发展;以开放型的业务往来关系为基础,致力于相互切磋与创新,实现共生共存、长期稳定发展的良好关系。
日本本田	基本理念:尊重人;三个喜悦(购买的喜悦、销售的喜悦、创造的喜悦)。 公司宗旨:本田放眼全球,竭尽全力以合理的价格,提供高质量的商品,让全世界用户满意。

（续表）

公司名称	企业精神(理念、文化、远景)的表述
美国通用汽车公司	公司统一行动;采用弹性目标;时刻保持紧迫感;加强聚焦客户和产品。 通用汽车在中国的发展愿景是:携手战略合作伙伴,致力于成为中国汽车工业的最佳参与者和支持者。
福特汽车公司	使命陈述:成为世界上领先的提供汽车产品和服务的消费者公司。 我们的使命:不断改善我们的产品和服务以满足客户的需要,使企业能够繁荣并能够给股东和所有者提供合理的回报。 我们的价值观:顾客是第一位的,我们要为我们的客户、我们的员工、我们的环境和我们的社会做有益的事。
马自达	公司宗旨:用最好的汽车产品和服务创建新的价值,给客户带来兴奋和欣喜。 使命感:以我们的热情、自豪和速度,积极地与客户沟通,给客户交付富有远见的汽车产品,并提供超出客户期望值的服务。 价值观:我们珍视诚实、以客户为中心、独创性、高效和敏捷的行动,我们尊重极富主动性的人和团队精神。我们积极地支持环保事业、安全并服务社会。我们以这些价值为指导,向所有与马自达相关的人们提供很大的喜悦。
沃尔沃	三大核心价值:品质、安全、环保。
依维柯	愿景:执业界的牛耳,持续的为客户和他们的业务注入价值、品质和成功。 使命:充分运用我们卓越的专业知识与遍布全球的合作关系向运输行业提供最佳解决方案。 价值:守责、可信、绩效、团队精神。
五十铃	用一流的技术和工艺,开发高科技、低污染的汽车及发动机产品,向世界各地的用户提供高效率的运输工具,共同创造美好未来。 市场策略十三字方针:高品质、中价位、多品种、优质服务。
韩国起亚	目标:世界顶级汽车制造商。 使命:通过汽车实现人类博爱。
铃木	目标:向全世界的客户提供优质产品,并且向使用铃木产品的客户提供优质服务,以实现与客户建立终生信赖的关系。 使命:高品质、高性能、客户使用方便、乘坐舒适的汽车。 口号:way of life 多彩生活。
现代汽车	经营理念:品质经营、环保经营、透明规范的经营、社会公益活动。

附表 7.2　中国大型汽车公司的文化陈述

公司名称	企业精神(理念、文化、远景)的表述
第一汽车集团公司	本着“人、车、社会和谐发展”的企业理念,一汽人正在以坚定的信心参与到全球经济大循环,为把中国一汽建设成现代化的汽车工业集团而努力奋斗。

（续表）

公司名称	企业精神（理念、文化、远景）的表述
上海汽车工业集团	SAIC-S（满足用户需求）、A（提高创新能力）、I（集成全球资源）、C（崇尚人本管理）。
广汽集团	企业目标：以卓越的国际化企业为目标，铸造社会信赖的公众公司。 企业理念：人为本，信为道，创为先。 运营方针：尊重人性，崇尚沟通；勤勉务实，注重实践；追求效率，善用资源；诚信合作，激情创新。
东风汽车公司	企业理念：关怀每一个人，关爱每一部车。 经营哲学：学习、创新、超越。 企业精神：实现价值，挑战未来。
长安汽车股份	长安精神：自我批判、敢于创新、科学理性、自觉奉献。 长安文化："进则生、停则衰、退则亡"的积极危机文化。 长安核心价值观：给客户最佳的选择、给股东丰厚的回报、给员工更多的利益。 长安核心竞争力：科学的战略、严格的管理、完美的执行。 长安作风：敏捷反应，立即行动。 长安愿景：跻身中国汽车集团第一阵营，做国际化优秀企业。 长安价值观：公司关心员工，员工关心公司。
北汽控股	汽车精神：奋力拼搏、团结协作、知难而进、志在必得。 经营理念：走集团化发展道路，实现北京汽车工业新的跨越。 核心价值观：创新合作、和谐发展。 发展愿景："十一五"末期力争进入世界 500 强。
华晨汽车集团公司	华晨愿景：将华晨金杯打造成一个具有国际竞争力的汽车企业。 经营理念：品质先，方敢天下先！ 战略目标：高起点自主创新，高品质自主品牌，高目标跨越发展。 管理战略：培育以华晨汽车为企业品牌和中华、金杯为产品品牌的联合品牌，塑造强势品牌，力争把金杯和中华打造成民族品牌精品。 指导方针：勤政、廉政、公正、求实、求严、求公。

附表 7.3　28 家合资企业的文化陈述

公司名称	企业精神（理念、文化、远景）的表述
天津一汽丰田	遵守中国的法律。尊重中国的文化与习惯，以人为本，推进人才当地化，夯实经营基础，不断为广大用户提供品质精良的汽车，为促进中国汽车工业的发展与地方经济建设作出应有的贡献，努力成为广大用户和社会各界所尊重和信赖的企业公民。

(续表)

公司名称	企业精神(理念、文化、远景)的表述
一汽马自达销售公司	营销理念:用户第一,全面推行“全心管家式”服务,追求全方位满足客户需求,朝着整车销售、配件供应、服务维修、市场策划的“四位一体”方向发展。 目标:管理科学、布局合理、功能完善、形象统一。 服务宗旨:顾客至上。
一汽丰田销售公司	执著如一的追求。 企业使命:让更多用户体验拥有汽车的喜悦,为推动汽车的发展贡献力量。 企业精神:尊重、挑战、速度、诚信。 管理理念:用户第一(一汽丰田汽车销售有限公司以“用户第一位”经营理念,在销售及售后服务等方面为用户提供便捷、优质的服务;让更多用户体验拥有汽车的喜悦,是我们执著如一的追求)。
一汽大众汽车有限责任公司	企业精神:竞争、和谐、创新、发展。 企业理念:追求卓越品质,真诚面向用户。 企业宗旨:打造中国最优秀的汽车合资企业。 经营方针:市场导向、管理创新、质量至上、技术领先。 原则:坚持以“用户为中心”。 严谨就是关爱。
四川一汽丰田汽车有限公司	中日融合,关怀体谅,公正开明,努力发展,强化体制,奋进贡献,不断改善,合资模范。
天津一汽夏利股份有限公司	发展愿景:造小车精品、做小车大师、建和谐企业。 目标:形成“国际有竞争力、国内有领导力”的经济型轿车产品阵容,打造“用最经济的办法、以最快的速度开发、制造、销售最高品质的经济型轿车的核心竞争力”,向产销40万辆发起挑战。 努力方向:为用户提供更加安全、节油、环保的“买得起、用得起”的国民车。 展望未来,我们将以做优秀的企业公民为己任,回报用户、回报员工、回报股东、回报伙伴、回报社会。
上海通用汽车有限公司	远景目标:国内领先并具国际竞争力。 经营理念:以客户为中心,以市场为导向。
上海大众汽车有限公司	愿景:保持在中国轿车市场的领先地位,参与并赢得国际竞争。 使命:致力于提供适应中国顾客需求并符合国际标准的汽车;以安全、优质、节能、环保的产品和卓越的服务,提高消费者的生活品质;以诚实、高效的经营,为用户、股东、员工、社会和其他合作伙伴创造价值。 核心价值观:追求卓越,永争第一。 基本价值观:客户导向,创造价值,质量领先,合作共赢,以人为本,勇担责任,变革创新,持续发展。

（续表）

公司名称	企业精神（理念、文化、远景）的表述
上海申沃客车有限公司	核心价值：申沃公司将以“质量、安全和环保”为中心，遵循用户导向法则，奉行“顾客至上，服务社会”的经营理念，逐步建立完善的设计、生产和质量控制体系以及销售、售后服务系统，并以“精益高效、诚实守信”作为企业和员工的行为规范。 使命：把具有高质量、安全、环保的产品和优质服务投入市场，通过为客户创造价值，从而为股东、为员工和为社会创造价值。 远景：成为中国城市客车制造、城郊客车制造和提供售后服务、提供公共交通方案的首选企业，并且成为 Volvo 客车集团中最好的企业之一。
上汽通用五菱有限公司	宗旨：成为微小型汽车领域国内领先，国际上有竞争力的汽车公司。 核心价值观：客户满意，团队合作，学习创新，诚实守信，高效务实。
上汽依维柯商用车（上汽依维柯红岩公司）	企业精神：严明、求实、团结、奋进；敬业、自主、遵法、革新。 管理理念：以人为本、效率优先、车是关键、人是基础。 经营宗旨：为社会奉献优质产品，为员工创造就业机会。
广州丰田汽车有限公司	企业理念：通过汽车创造美好生活，服务和谐社会；尊重个性，团队合作；始终贯彻“客户第一”的宗旨；根据客户需要提供高品质的产品和高质量的服务。 企业目标：脚踏实地，勇于挑战，构筑世界顶级的汽车制造、销售、服务体系，打造最具竞争力的世界级企业。 企业方针：高效经营（把 JIT 应用于公司的整个生产经营过程），合作共有（在相互理解的基础上，实践丰田管理方式），顾客第一，持续改善（通过引进革新技术创造简单精练的生产线并不断改善），以人为本，造车育人（通过有计划的持续教育和训练，培养能够实践丰田管理方式的人才），节能环保（做良好的企业市民）。 企业精神：开朗、进取、活力、认真、关心、公有、感恩戴德、饮水思源。
广州本田汽车有限公司	以人为本，要求每位员工培育和尊重个体差异，并把每一位员工作为培养伙伴寄予信任。自立：我们鼓励创造性，自由思考，倡导创造最优产品的责任；平等：我们已承认和尊重个体差异为信条，彼此公平对待；信赖：我们相信，每个以公司“哲学”为信条的人都会做对顾客、他人和公司最有利的事。 三个喜悦，通过我们的业务带来喜悦，解除我们的公司或产品的任何人都应该从体验中获得喜悦感。购买的喜悦：通过超出顾客期待，我们在我们的产品和服务中创造了“拥有”的自豪感。销售的喜悦：我们要在满足我们的顾客和向顾客展示公司方面创造自豪感。创造的喜悦：我们的信条是为我们的顾客提供优质产品——包括每一次。 成为社会期待存在的企业（重视安全，关注环保，人、企业、环境、社会和谐共处）。

(续表)

公司名称	企业精神(理念、文化、远景)的表述
本田汽车中国有限公司	基本理念:尊重人;三个喜悦(购买的喜悦、销售的喜悦、创造的喜悦)。 公司宗旨:本田放眼全球,竭尽全力以合理的价格,提供高质量的商品,让全世界用户满意。 运营方针:经常保持梦想和青春;尊重理论、创意和时间;热爱工作、重视互相沟通;共同创造和谐、有条不紊的工作流程;勿忘不断的研究和努力。
广州五十铃客车有限公司	经营理念:诚、信、稳、新。 宗旨:品质至上,服务大众。 精神:锲而不舍,坚忍不拔。 目标:精益生产,追求卓越。
广汽丰田发动机	尊重人性、以智慧和不断进取贡献社会;建立面向全球、世界最强的发动机工厂。 企业精神:① 产业报国(一心一意,贯彻始终);② 研究创新(以好的方法生产好的产品)、踏实顽强(现场现物);③ 温情友爱(团队作战);④ 感恩报德(客户至上)。
东风本田汽车有限公司	理念:以人为本,三个喜悦。 宗旨:我们以建立国际企业为目标,竭尽全力以合理的价格、提供全球化高品质产品,让广大的用户满意。 经营方针:永葆青春和梦想;重视理论、创意空间;制定合理通常的工作流程;不懈的研究与努力;同心协力,共同发展。
东风本田发电机公司	公司宗旨:我们以建立国际企业为目标,通过向顾客提供世界最高水平发动机和服务贡献社会。 公司理念:尊重个性,共享喜悦。 运营方针:向高目标挑战;重视理论、创意和时间;重视合作和交流;根据三现主义(现场、现物、现实)开展工作;努力提高顾客满意度。
东风悦达起亚汽车有限公司	企业理念:挑战、精诚、和合、超越。 宗旨:顾客至上。 品牌精神:激情超越梦想。向中国消费者奉献安全环保、超越期望的汽车产品以及完善的售后服务,为消费者创造更美好、更便捷的汽车生活。
东风柳州汽车有限责任公司	经营理念:为客户创造价值,为社会创造财富。 企业精神:自立自强,创优创新,同心同德,为国为民。

（续表）

公司名称	企业精神（理念、文化、远景）的表述
神龙汽车有限责任公司	企业使命：成就拥车梦想，优化生活品质。 事业梦想：追求品质口碑领先，追求科学稳健发展，追求人车社会和谐。 经营理念：关怀每一个人，关爱每一部车。 工作理念：诚心，和谐，求实，高效，创新。 企业愿景：成为最让人信赖的轿车企业。 价值观：讲究诚信，崇尚业绩，奉献社会。 企业精神：居危思变，立志卓远。
长安福特马自达公司	带给中国消费者一流的产品和一流的设计理念，也努力为中国消费者提供世界一流的服务体验。同时，作为一个具有社会责任感的企业公民，长安福特马自达汽车致力于成为“环境保护的先行者”。
江铃汽车公司	企业精神：团结进取、改革创新。
重庆长安铃木有限公司	公司宗旨：以人为本，持续改进。 公司使命：为中国人，圆轿车梦。 公司承诺：服务大众，回馈社会。 造车理念：科技成就低能耗、高品质，为广大用户提供“科技、安全、节能、环保”的精品轿车。
北京奔—戴克汽车有限公司	公司使命：拓展行驶空间，提高生活品质。 向中国用户提供全新的并与国际标准一致的产品和服务，引领和创造中国汽车工业和市场发展的新时代。
北汽福田汽车股份有限公司	品牌文化：以产品经营为基础、以创新为根本来体现顾客导向，最大限度地提高福田汽车品牌的无形资产价值。
北京现代汽车	打造和谐汽车企业，品质至上，人才优先，加强研发，学习与变革。
华晨宝马汽车有限公司	积极参与中国汽车市场增长，将环境保护贯穿于优化产品和生产过程的所有努力中，在为中国市场提供高档产品和服务的同时，致力于成为负责任的企业社会公民，积极融入本地社会的发展。

8 企业价值链管理结构性驱动分析：一个合资汽车企业的多案例研究

【摘要】 企业价值链管理受多种驱动因素的影响，本研究对大众汽车、通用汽车和丰田企业在中国的二十几年的时间序列数据和截面数据进行分析和研究，讨论了跨国公司如何在中国进行价值链管理和布局：大众汽车基本是由整车向服务和零部件拓展，从价值链的中间开始逐步向两端展开；通用汽车是整个价值链投资，整车连同它的技术和零部件一起在中国同步价值链布局；丰田汽车是按照客户/市场培育—零部件—整车生产—其他服务的路径开展业务。价值链布局的差异是与企业价值链管理结构性驱动因素紧密相关的，企业的战略整合、技术溢出效应、地理位置、价值链利润导向等因素的差别致使各跨国企业的合资与价值链布局之路不尽相同。

企业和主要的供应商、销售商保持紧密、友好而持久的关系，能够提升企业业绩，这已经得到理论界和实务界的认可，特别是价值链管理使组织的作业效率更高以及在消除价值链各环节点的浪费等方面有显著的作用和意义(Ring and Van de Ven，1992)。对于各个价值链组织成员，价值链管理业绩的增长主要得益于企业集团在有限的投资下尽可能掌握资源、控制技术，从而可以降低潜在的风险。然而企业集团并不是在价值链各环节上都进行积极主动管理，在探讨企业集团整个作业链条的价值创造时，自然就不可避免地需要回答企业是如何选择参与哪些价值链作业环节的，是何种因素驱动其做出这样的决策等问题，对一个跨国集团的长期投资活动的观察能使我们对这个问题有一个更好的认识。

8.1 研究的理论背景

企业间合作积极进行价值链管理可以使交易双方互惠利益，并通过作业流程优化、知识共享、资源互补、实时解决矛盾和冲突等实现分配利润，近年来许多学者越来越关注哪些驱动因素对企业价值链管理绩效产生重大影响。

Porter (1985) 在讨论构建战略管理框架时首次采用了成本驱动的概念去描述和分析成本行为,他认为主要有十种驱动因素决定了企业价值链成本结构,在分析、管理成本结构时需要考虑组织竞争战略的选择,低成本竞争战略和差异化战略成本驱动因素是不同的,不同的驱动因素导致不同的价值活动,因而产生不同的绩效。

Miller and Vollmann(1985)关注了间接成本的驱动问题,认为间接成本并非由产量所驱动,而是与交易和作业相关,一定程度上与战略管理密切相关。

Riley(1987)对战略成本动因进行了细分,将战略性成本动因分为结构性成本动因和执行性成本动因两大类,并给出了每一类成本动因的典型驱动因素,结构性成本动因是考虑了企业成本定位和成本经济结构之后的战略选择,包括规模、范围、经验、技术(价值链上)和复杂性等因素。执行性成本动因是企业价值链作业流程的影响因素,包括劳动力参与并具有的持续改善的能力、质量管理、生产能力、工厂布局、产品设计、与供应商及客户的关系等因素。

Shank and Govindarajan(1993)的研究与 Riley 不谋而合,他们认为相对于 Porter 的驱动因素分析,Riley(1987)的研究更具有用性,企业的成本行为是战略选择的结果,认为成本驱动分析、价值链分析和战略定位分析是战略成本管理的三大主题,这一观点逐渐被广泛接受。

Cooper and Kaplan(1987,1988)采用案例研究的方法探讨成本驱动问题,他们认为传统的以产量为驱动因素的数量基础成本分配歪曲了产品成本。他们认为成本动因包括作业动因和资源动因,作业动因是成本对象对作业需求的程度,是指产品生产与作业量之间的关系,是将某一作业成本分配给成本对象的驱动因素。资源动因是指资源消耗量与作业量之间的关系,是将资源成本分配到主要作业和作业中心的标准,它是将一项作业所消耗的资源成本分配给某一作业中心的根本原因。之后他们不断发展和完善其研究(Cooper and Kaplan,1991a,1991b,1992,1998;Cooper,1990),取得的成果表现在以下几方面:① 每个成功的企业都拥有并持续一个特有战略的竞争优势,这一战略明确了企业必须获得的关键成功因素,这些成功因素包括财务指标和非财务指标。② 不同层级的作业驱动因素所消耗的资源不同,在制造过程存在四个层级的作业驱动因素,分别是单位级、批别级、产品级和设备级。③ 他们将成本动因分为战略成本动因和战术成本动因。战略成本动因与企业价值创造密切相关,进行战略成本动因分析的目的是企业辨明与竞争对手的成本优势/差异,分析自身和竞争对手的成本驱动因素,以获取、保持竞争优势,即"做对的事情"。战术成本动因是与企业当前生产经营活动密切相关的驱动因素,进行战术成本动因分析就是"要把事情做好"。④ 将驱动因素分析从生产制造环节向价值链的其他环节拓展,在价值链成本管理中采用驱动因素分析理论。

Rajiv D. Banker and Holly Hanson Johnston(2007)在分析和评述前人研究的基础上,从战略成本管理的视角研究了关于成本、客户价值、收入、利润和他们的驱动因素之间的关系。他们认为组织战略、市场战略和产品设计决定了技术、组织结构和经营战略的选择,产品特征和生产流程特征决定了成本的驱动因素,产品设计过程决定了经济规模和生产复杂性两个结构性成本驱动因素,而技术和价值链流程设计对 Riley(1987)和 Shank and Govindarajan(1993)倡导的结构性成本驱动因素和执行性成本驱动因素都会产生重要的影响,这些驱动因素贯穿整个价值链,并最终导致微观层面的作业活动,进而实现价值增值。

综上所述,从价值链的角度看,每一种价值创造活动都有特定的驱动因素,可以用它来分析、解释价值活动的成本情况,在企业的管理工作中尽管最容易被管理者发现和理解的动因是那些战术方面的具体价值驱动因素,但是每一项作业都是由事先的结构性成本动因和执行性成本动因所决定的,也就是由战略成本动因所决定的。因此,本文的价值链成本驱动因素分析主要是进行战略动因分析,我们所选择的研究视角是价值链管理的结构性驱动。基于以上文献,本文的研究要点是:① 描述案例企业集团价值链管理和价值链布局要点与特征。② 揭示案例企业价值链管理结构性动因,进行结构性驱动因素分析。③ 出于研究应该引领和服务于管理实践的目的,探讨跨国企业集团的管理经验给我们带来的启迪。

8.2 案例研究总体设计

8.2.1 研究方法的选择

案例研究一直是社会科学研究的重要方法,关于价值链管理和价值链成本管理研究的模型也有学者提出,但是数据的取得主要是依据问卷调查,数据结果的信度和效度都被人置疑。

本研究采用基于多案例的描述性案例研究的方法,采用案例研究是因为这种方法能够以更开放的心态看待研究中获得的大量的、非结构化的材料与数据,有助于创造新的理论(Eisenhardt,1989)。基于多案例的研究可以尽量减少由于其某一特质所导致结果的可能性,尽量减少研究结果从点到面的过程中所产生的疑虑。采用描述性案例研究是因为价值链和价值链成本管理是一个崭新而复杂的问题,而描述性案例研究是非常适合用来长期观察企业系列性变革过程的。

8.2.2 研究对象的选择

案例研究的对象为:中外合资汽车制造企业。

1. 为什么是合资企业。理由是:① 中国传统的大企业是从计划经济转向市场经济的,一些企业转型尚未完成,一些企业即使转型完成,现代企业制度的建立也不过是几年的事情,企业的发展战略基于价值链的案例极少,还有待经验累计。相比较,合资企业在中国布局时就已经是跨国企业价值链管理的一个有机的组成部分,就是全球化价值链竞争的重要环节,对其进行分析能使我们学习到更多的经验或者从失败中总结教训。② 相对于中国新兴的企业,我们所选的合资企业具有一定的历史,是从一个较长的时间观察现象,对案例研究结论的立足具有积极意义。

2. 为什么是汽车制造企业。理由是:① 世界知名汽车制造商较早并以大幅度的合资方式进入中国汽车生产领域,使得中国的汽车产业的对外开放时间最长、汽车市场竞争最为激烈、产品更新换代最为快捷,所以汽车行业极具代表性。② 多案例选择能够使其相互复制(Yin,1994),要么预测类似结果,即逐项复制,要么对照不同结果分析原因,即差别复制,汽车制造行业有多家大型的中外合资企业,样本之间便于对比。③ 大多数汽车制造企业的管理控制系统相对成熟,战略控制、预算管理、成本控制以及内部报告制度比较健全。④ 企业的管理者具有较高的专业素养。

8.2.3 研究资料的获取

Yin(1994)认为要解决案例研究资料的信度和效度需要遵循的原则是:使用多种证据来源、建立案例研究数据集、组成一系列能够相互印证并且可靠的证据链。因此,我们需要多渠道获取资料:① 文献资料。国内外其他学者对中外合资汽车制造企业案例研究的公开出版物、公开发表的研究文献,这些研究时间跨度长、涵盖多个事件、多角度，最主要的是这些研究并不是为本案例研究的结果而建立，其中包含很多的细节和参考。② 档案记录。可查阅的公开的档案资料，包括公司网站、公司年度报告等公司在各种媒体上公布的资料，能够提供研究对象的官方精确资料。③ 现场访谈。对于一些公开资料中的疑问和一些深入、细致的问题，通过对企业的企业管理层、财务人员、生产人员进行访谈，使之与公开资料相互印证，形成完整的证据链。

8.3 案例分析

我们的案例研究流程分为四个部分：合资汽车企业在中国的发展历程的简单回顾，案例企业价值链布局分析，价值链成本管理结构性分析，最后总结经验以期对我国企业规模化后的价值链成本管理提供一些借鉴。

8.3.1 背景：跨国汽车企业与中国汽车产业的竞合[①]之路

改革开放之后，伴随着外资的大举进入，合资企业一方面促进我国自有汽车工业的发展，另一方面跨国企业为了本国和自身利益也尽力阻碍当地生产要素的优化配置、压制国内潜在竞争对手的成长，合资企业正是在二者的竞合之中不断发展的，大致经历三个阶段。

1. 1985—1994 年。这一时期我国汽车工业处于“缺重、少轻、无轿”的局面，本着“以市场换技术、以市场换资金”的原则，1985 年第一家合资企业北京吉普汽车有限公司诞生，之后虽然受我国政策的限制，但排名进入世界 500 强的汽车企业基本都完成了进入中国市场的第一步。

2. 1994—2001 年。1994 年我国颁布《汽车工业产业政策》，这是我国第一个汽车产业的战略发展规划，主张国内企业的合并重组，形成“三大三小”[②]，国家集中资源扶持这六家企业，帮助其形成规模经济，并鼓励利用外资发展汽车工业。合资企业的发展壮大使得这一时期中国汽车产业实际上已经形成了跨国公司通过合资企业为主导的产业发展格局（陈建国、张宇贤，2004）。

---

① “竞合”的概念最先由 Brandenburger 和 Nalebuff 在《哈佛商业评论》上提出，随后引起企业界和理论界的广泛关注和共鸣。竞合是竞争与合作的混合词，目的在于促使管理者同时从合作与竞争两个角度去思考发展战略。

② 三大：就是以一汽、二汽两个国有企业集团为骨干，以合资的上海大众为补充；三小：北京切诺基、天津大发和广州标致。

3. 2001 年起至今。2001 年发布的《关于上市公司涉及外商投资有关问题的若干意见》为外国资本进入我国资本市场扫除了障碍;同年发布的《关于向外商转让上市公司国有股和法人股有关问题的通知》,原则上已经消除了外资并购国内上市公司所面临的法律障碍;2002 年推出的《上市公司收购管理办法(征求意见稿)》和《合格境外机构投资者境内证券投资管理者暂行办法》,意味着外资可以通过证券市场来实现控股;2003 年颁布的《外国投资者并购境内企业暂行规定》使外资并购国内上市公司更具有操作性。以上一系列法律、法规的出台,为外资进入我国汽车业提供了法律法规方面的依据,从而为外资进入我国汽车行业并控股我国汽车企业扫除了司法障碍。

近几年,中国已经成为汽车制造大国,但所制造的部分往往处于价值链的低端,获取的利润很薄(陈赛珍,2007)。我国汽车业发展战略又一次发生重大改变,基本原则是:在增强独立自主的发展能力的同时坚持改革开放;以零件产业发展为基础,发展经济型汽车,逐步进行产业的再调整与产品的再升级;加速国家级的技术研发中心建设,提高技术创新与产品开发能力,向价值链的多个环节进军,在这种背景之下管理者迫切需要了解价值链管理的制度特征、揭示价值链成本管理驱动因素,中国汽车产业在与跨国企业的竞合过程中不断发展自身的价值链,出于研究应该引领和服务于管理实践的目的,我们分析典型案例企业价值链管理结构性驱动的要点。

8.3.2 合资汽车企业在中国的价值链布局与管理

我们最终选择了以丰田、大众、通用三个跨国汽车集团为具体研究对象,经过对资料的整理与分析,我们发现三大跨国集团的价值链布局与管理呈现以下特征。

1. 大众汽车中国价值链布局的特征

从大众汽车在中国的投资历程看,大众在中国的价值链布局很明显地呈现出三个阶段:第一阶段是在 1996 年以前,用了将近十年的时间以整车制造为主,通过技术投资占领中国较高端的轿车市场;第二阶段(1997—2000 年)则开始从整车制造向研发、销售拓展,价值链链条被拉长,但主要集中在服务领域;第三阶段(2000 年以后)全面进入中国,将其掌握核心技术的零部件制造工厂也设在中国,特别是在 2004 年,大众投资了三家零部件生产企业,逐步形成了完整的汽车产业价值链链条(如图 8.1 所示)。

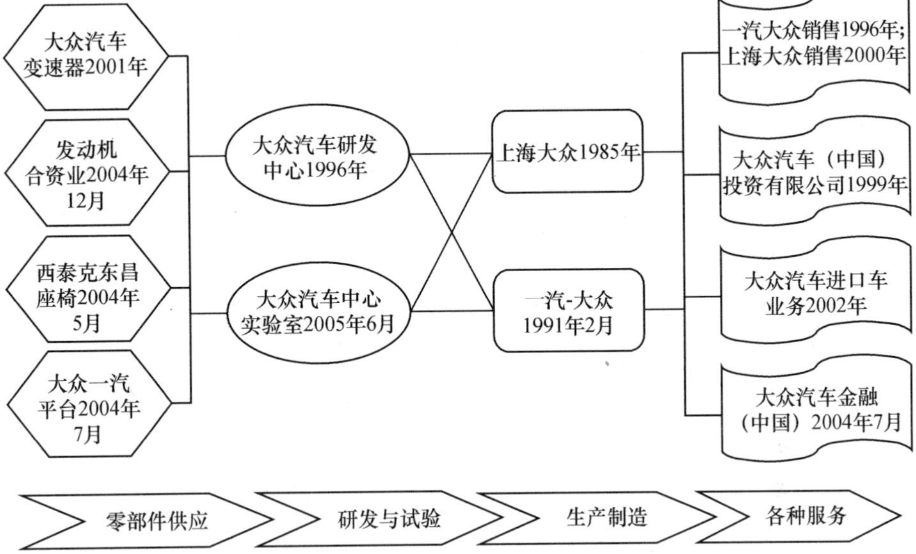

图 8.1　大众汽车在华价值链布局

资料来源:根据作者搜集的资料整理而成。

显然,大众汽车在中国的产业链布局是从中间制造环节向两端延伸的,显示出在华的大众汽车企业从汽车组装逐步发展为自我生产与销售的改变,也反映出大众企业在华汽车战略的改变。

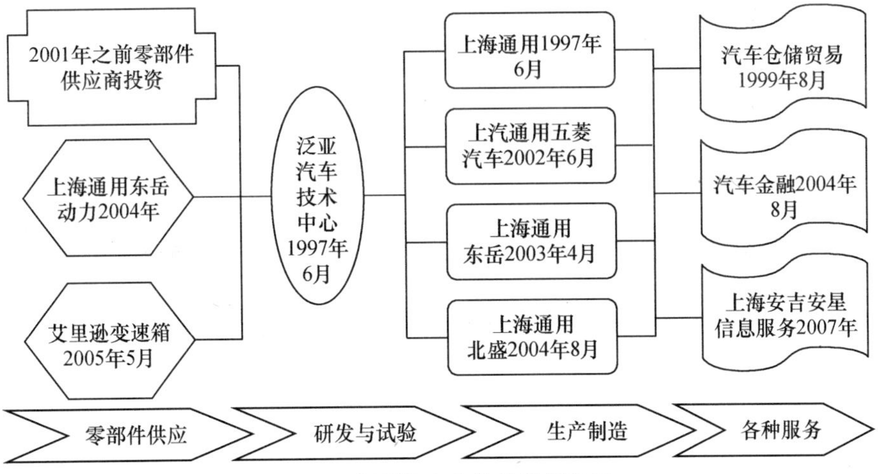

图 8.2　通用汽车在华价值链布局

资料来源:根据作者搜集的资料整理而成。

2. 通用汽车中国价值链布局的特征

与德系和日系车不同,通用汽车在进入中国市场时就没有采用逐步投资的方式,而是连同它的技术和零部件一起,将一条相对完整的价值链在中国进行布局(图 8.2 所示)。其中通用企业在华的零部件生产是通过其零部件供应商在华投资实现的,早在 2001 年之前通用子公司就在我国投资建设了沙基诺北方凌云驱动轴有限公司、德科电池(上海)有限公司、浙江德尔福(亚太)制动器有限公司、浙江沙基诺方向盘有限公司、北京万源—通用汽车电控有限公司、湖北德尔福发动机有限公司、上海沙基诺方向盘有限公司、上海德科电子仪表有限公司、德尔福·派克电气(广州)有限公司、沙基诺底盘(上海)有限公司、德科电子(苏州)有限公司等零部件生产企业。

通用在其投资初期就显示出对中国市场的信心,表现为:一是技术投资和整车制造同时进行,在与上海汽车合资的同时成立泛亚汽车技术中心,这是中国首家汽车工程技术合资企业,业务涉及设计、开发、测试和零部件与整车认证等汽车生产的主要环节,并且还允诺将向上海通用全方位转让零部件技术;二是在整车制造进入中国的前后通过德尔福、AC 德科等子公司以合资企业和独资公司的形式大举在中国进行投资,抢占零部件市场。

3. 丰田汽车中国价值链布局的特征

丰田汽车是较早与中国汽车产业进行交流、探讨合作的企业,早在 20 世纪六七十年代丰田就与中国汽车企业频繁接触,但是丰田进入中国市场却晚于大众和通用,其价值链布局也极具特色:20 世纪 90 年代之前丰田在中国只是开展维修和驾驶技术的培训,建立了一定的客户基础,然后才转向生产,打开中国市场之后扩大零部件的生产规模,然后进一步开展整车生产,2000 年之后开展了财务、金融、贸易等相关服务领域的活动。价值链构建过程大致显现为客户/市场培育—零部件—整车生产—其他服务(如图 8.3 所示)。值得注意的是,丰田汽车在华的早期汽车服务领域的投资主要是汽车维修和驾驶员培训,主要目的是培养潜在的客户。

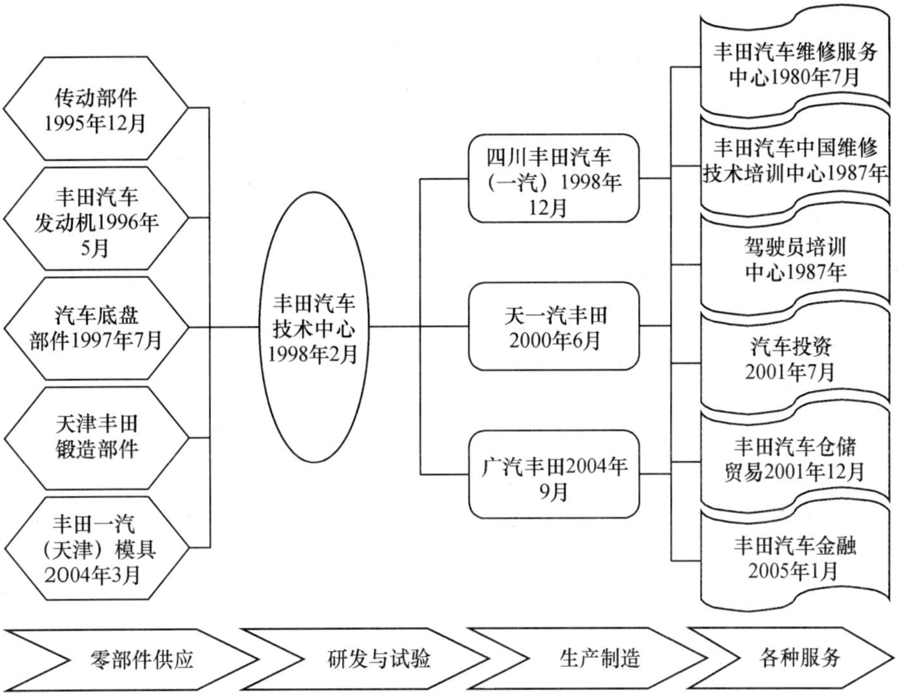

图 8.3 丰田汽车在华价值链布局

资料来源:根据作者搜集的资料整理而成。

8.3.3 案例企业价值链管理结构性驱动分析

从上述各个合资企业价值链在中国市场的布局来看,各企业已经进军了价值链上的所有基本经济活动,如研发、生产、销售、售后服务、汽车金融等,但是出发点并不相同。

通用汽车在中国的愿景是:携手战略合作伙伴,致力于成为中国汽车工业的最佳参与者和支持者,承诺在中国长期发展,并建立和保持一种对通用汽车、中国和中国人民均为有利的合作关系,因而一开始就广泛涉足整车和零部件的生产、销售、设计与测试等领域,全面进入中国市场,积极参与技术交流活动,将中国业务融入其全球网络,以确保为中国客户提供最高质量的产品与服务。

大众汽车的经销策略是通过技术控制,对整个价值链上的生产成本与收益全面控制,在中国市场建厂初期,德国生产厂商主要从事研发、技术创新、产品开创期的生产以及产品营销环节,以攫取高附加值的垄断利润和经济租金,而向发展中国家转移获利最少的制造和组装环节，同时凭借技术控制权，掌握了合资公司原材料和零部件的采购权，大量采购德国原材料和零部件，利润流向跨国公司，研究发现汽车价值链上的利润分布并不均匀，主要利润流向价值链的两端：一端是研发和设计，一端是品牌和营销，形成一条 U 型曲线，被形象地称为“微笑曲线”（施正荣，2005）。但随着近年来中国市场的地位越来越重要，大众汽车全面进军中国，其价值链从零部件、设计、生产、销售、服务等在华全面展开，特别是 2009 年 2 月 26 日大众中国发布了“2018”战略，目标是 10 年内大众在华销量突破 200 万辆，经销商增至 2 000 家，大众已经很明确地表示在中国的产量要超过德国，中国已经成为其制造的总部。

丰田汽车的战略目标是不断变化的，经历了从要素导向到市场导向转化的过程，起初进行消费者市场的培养，真正的投资开始于劳动密集型的零部件供应基地，看中的是我国廉价的生产资料和劳动力，而日本本土则成为资金、技术供应基地和高新技术产品生产基地。中国加入 WTO 之后，看到中国汽车产业竞争力的增强，其他国际知名品牌投入的加大、中国客户的成熟发展，丰田才将其在国际上具有竞争力的汽车产品和型号在中国生产，但其具有高额利润的汽车金融等服务领域的投资最近几年才开展在华业务，而且采用了外方独资的投资模式，这其中有中国市场发育较晚的因素，也有跨国公司对利益的追求的战略影响。

研究命题 8.1：跨国企业价值链布局的过程是由于企业的全球化特别是对中国市场的战略差异所导致的。

在技术发展和升级的过程中，新技术代替旧技术必然造成旧技术的无形损耗，由于资源的稀缺性，新技术的拥有方必然会通过对旧技术的转移、对外输出来收回一部分利润，因而合资企业中往往是跨国公司控制技术，并收取技术特许费，技术投入需要由合资企业中的中方来再支付使用费，因此掌握技术的一方的实际总成本就降低了。因此，在合资的道路上跨国企业十分重视对技术的控制，比如丰田汽车非常注意国内公司与海外公司之间在产品层次上的分工，这样一是可以保证国内产品出口的持续增长，避免对外投资对出口的替代效应，获得高额利润；二是可以减少技术扩散的机会，保持企业在技术上的垄断优势。

经过二十多年的发展，中国汽车企业也认识到核心技术对价值链成本管理的重要性，努力摆脱跨国公司的控制，2008 年 11 月 25 日，中国 12 家汽车企业（包括一汽、上汽、东风、长安、奇瑞、金杯、长风、广汽、中顺、江淮、长城、吉利）由昔日的竞争对手形成价值链的横向联盟，共同投资组建中发联投资有限公司，与美国博格华纳公司合资开发和生产双离合自动变速器中的核心产品，而自动变速器是中国汽车业经过多年发展后唯一不能攻破的产业核心技术。虽然中国顺利地签约合资生产自动变速器，但是谈判进行得非常艰苦，最终外方博格华纳占股 66%，显然这是中方为了让其拿出最先进的技术而做出的让步，外方公司通过技术获取控制权、防止溢出效应的目的还是很明确的。

研究命题 8.2：合资企业中技术进步方期望通过技术的输出赚取更多的利润。

通用与上海合作拥有四家整车合资企业：上海通用、上海通用东岳（烟台市）、上海通用北盛（沈阳市）、上汽通用五菱（柳州市），基本布局于中国经济最发达的沿海地区，覆盖了中国汽车消费的主要市场，获得规模经济的潜力巨大。

大众形成了南北大众格局，在产品档次和价格上形成了很好的梯度。但随着中国市场竞争的加剧，特别是在 2008 年开始的金融风暴的冲击下，大众公司达成共识，在稳住北区销量的同时，扩大南区份额显得尤为重要，截至 2008 年年底，大众在华南市场的销售量占总销售量的比例不超过 20%，在这个长期由日系把持的区域里，大众的市场份额仅为 9%，因此为了追求规模经济，大众汽车网络布局也开始向南部倾斜，主要包括华南市场和西南部的二、三级市场，之所以关注西部市场是因为西部的消费潜力巨大且尚未开发，西部廉价的生产成本包括土地、原材料和劳动力在内均表现出突出的优势，此外，西部地区除长安福特之外，大众几乎没有竞争对手。

丰田拥有长春、天津、广州、四川四大生产基地，产品系列非常完整，其在沿海地区的投资远远小于美国和欧洲的企业，除了考虑沿海地区市场的重要性之外，一个重要目标是获取中国的生产要素，其竞争优势的一个重要组成部分是地缘优势，而长春、天津、广州和四川覆盖了东北、华北、华南、西南大半个中国地区，所选择的城市拥有雄厚的科技实力、扎实的工业基础，是地区性的经济中心，区位优势突出，有利于发展地缘优势，获取规模经济。

研究命题 8.3：地理位置是一种获得规模经济的潜力。

经过观察我们看到跨国汽车公司对合资企业的控制是沿着技术控制——组织控制——价值链控制的路径依次展开的，最终通过控制价值链获取利润。对价值链的控制表现在以下几方面。

(1) 对零部件的生产与采购的控制。跨国公司控制零部件采购网,并认定供货企业的资格,合资企业则没有这种权利,合资企业的零部件配套采用原始供应原则,大多数引进车型保持了原有配套关系的延续性,形成自己的产业势力范围,外商独资生产零部件的现象越来越普遍,特别是发动机、变速箱等关键零部件方面的投资更是为外方所控制,从而影响价值链整体的利润分配。

(2) 对服务领域的高度重视。在利润率比较高的服务贸易领域,跨国汽车企业不仅加紧了对营销网络的控制,而且在财务、金融服务方面也抢先国内企业一步,独资成立中国投资公司,全面掌控在中国各个合资公司资源的调配。目前外资所成立的汽车金融公司也基本都是外方独资,包括:上汽通用汽车金融有限责任公司、丰田汽车金融(中国)有限公司、大众汽车金融(中国)有限公司、福特金融公司、东风标致雪铁龙金融公司等,谋求对价值链的全方位控制。

(3) 对合资伙伴和合资数量的选择。对价值链利润的控制还表现在对合作伙伴的选择上,虽然我国产业政策规定同一家跨国公司只可以在国内建立两家(含两家)以下生产同类整车产品的合资企业,但跨国汽车公司往往分别以不同类型整车产品在国内建立多家合资公司,比如通用汽车集团与上汽合资在上海和烟台生产不同层级小轿车;与上汽、五菱合资在广西生产微型货车;在沈阳生产公务旅行车。合资企业数量的增加意味着每一个合资企业的市场范围缩小了,进而削弱了单个合资企业的谈判能力,有利于跨国汽车公司对合资企业的控制。而且这一战略还可以使跨国汽车公司能够根据自身发展的需要,以产品转移或重新组合等方式顺利地从一个合资公司向另一个合资公司实现战略转移。

研究命题 8.4:跨国企业的利润不再简单地来自生产制造环节,而是向价值链要利润。

总之,跨国公司控制品牌,不强求股权比例,而是沿着技术控制——组织控制——产业链(价值链)控制的路径依次展开,将中国视为全球市场的一个组成部分,关注未来的中国市场,全球化的竞争战略已经成为其能否在中国取得成功的关键,通过收取技术转让费、管理咨询费、品牌使用费赚取高额利润。

8.4 对中国汽车企业价值链管理的启迪

我们分析了世界顶尖级的企业在中国价值链布局之路和其价值链管理的成

功经验,但在2008—2009年通用、福特、克莱斯勒竟然一夜之间濒临破产,全球第一的丰田也遇到了危机。老师病倒了,学生怎么办?毋庸置疑,金融危机使汽车业面临严峻挑战,全球汽车产业面临深层调整,产业组织调整和产品结构调整都将展开,这是全球汽车产业新格局形成的关键时期,一些新产品,如新能源汽车将在全球范围内产业化,对中国汽车企业而言既是机遇也是挑战,也是与巨人站在同一起跑线的机会,因此,更需要学习他人的长处。我们认为在价值链管理方面中国汽车企业还需进一步提升。

8.4.1 建立以客户为主导的业务管理流程

在客户至上的今天,研究客户的真实需求是至关重要的,特别是在金融危机的情况下。反过来从客户的角度看,他们的需求是很简单的,只是在"适当的地点",以"适当的价格",购买"适当的产品"。而"适当的地点"、"适当的价格"、"适当的产品"这三个"适当"涉及了价值链管理的各个流程和环节,事实上客户不同的消费困惑就可能是由于价值链管理的某一方面需要改进,只有通过采购、生产、物流、服务等方面的企业的组织间紧密协作,才能从市场份额的竞争转向价值链成本节约,从而以最小的成本为客户提供最好的服务。

8.4.2 拓展协作边界,实施价值链管理

中国汽车企业目前所面临的问题除了金融危机所造成的宏观经济形势的负面影响外,企业在自身管理方面也面临很多挑战,这些挑战表现在价值链管理的各个方面(见表8.1),汽车企业不仅要解决自身的产品设计、开发、生产等问题,还需要处理好与供应商、分销商、客户的关系,加强战略伙伴的协作。价值链伙伴通过共同目标,分享各自的资源和优势,整合业务流程,提高市场响应力,最终将价值链优势转化为商业价值。因此,中国企业需要放开视野,竞争不仅仅体现在整车制造环节,而需要在整个价值链上展开,改善企业独立、分散的竞争局面,加强协作,追求整体利益的最大化。

表 8.1　中国汽车制造商所面临的自身挑战

	汽车生产价值链				
	研发与设计	供应商	生产管理	渠道管理	客户服务
主要挑战	• 缺乏核心技术,研发能力较弱 • 难以开发设计高质量自主车型 • 缺乏合格的零部件供应商 • 缺乏定义清晰、运营高效、自动化的产品开发流程	• 本地零部件供应商整体实力较弱 • 与供应商协调不足造成供应延期或产品质量等问题 • 全球零部件寻源策略不成熟 • 采购流转不完善和优化	• 主要采用"推动"而非"拉动"的生产模型,生产预测难度大 • 生产线配置缺乏灵活性 • 尚未实现对零部件的追踪管理 • 库存管理效率较低	• 缺乏高效的分销和渠道管理,造成高库存和产品脱销等问题 • 产品订货到交付分散且缺乏灵活性 • 经销商的生存能力和忠诚度存在一定风险	• 对用户的购买行为理解不够深入 • 制造商与经销商缺乏完善的客户关系管理系统

资料来源:IBM 商业价值研究院,ibm. com/doing/cn。

8.4.3　积极参与企业产业链中高回报的经济活动

众所周知,价值链上各环节的成本呈现"微笑曲线"状态,处于价值链前端的设计和后端的服务环节的利润远远高于中间的制造环节,比如来自汽车金融的业务的利润占福特汽车总利润的 70%,占通用汽车利润的 60%,占丰田总利润的近 1/3,截至 2007 年年底我国已有的 8 家合资、外资汽车金融公司总资产达到 284.98 亿元,贷款余额为 225.15 亿元,总负债 228.2 亿元,不良贷款率仅为 0.26%,而这 8 家企业的盈利高达 1 647 万元,业务增长量更是达到了 50% 以上(数据来源:经济观察报,2008 年 7 月 7 日),与不断减少的单车利润相比,汽车金融是一个尚待挖掘的金矿。

向产业链两端业务的延伸不仅仅是为企业创造更多的利润,也可以使企业在价值链上的服务更加完善,比如汽车金融公司建立的主要作用是通过对经销商的资金支持,促进经销商的服务更专业化,从而提高销售渠道的质量,进而拉动销售。

8.4.4　先进的技术和管理方法是突破的关键

我们看到跨国企业对中国汽车的具体控制战略和方法虽不尽相同,但所走的基本是技术控制——组织控制——价值链控制的路线，技术突破是摆脱控制的第一步，谁能占领先进技术的制高点，谁就能在竞争中站稳脚跟，随着石油价格的巨幅波动以及金融危机的影响，各跨国企业均开始研发新能源汽车，这对中国汽车企业来讲是难得的机会。

仅仅掌握了先进的生产技术还是不够的，从跨国企业在中国的合资发展历程来看，跨国企业的控制还可以通过管理手段来实现，通过价值链管理在中国获得了高额利润，因此，合资不仅仅是“市场换技术”这样简单，我们还要学习其先进的管理理念和管理方法，站在全球架构的视角看待企业经营活动，结合中国和企业的实际情况总结出自己的管理经验，“要把国际管理国产化”。

参考文献

Abernethy, M. A., & Brownell, P., 1999, The role of budgets in organizations facing strategic change: An exploratory study, *Accounting, Organizations and Society*, 24, 189—204.

Ahrens and Chapman, 2007, Management accounting as practice, *Accounting, Organizations and Society*, 32, 1—27.

Ahrens and Chapman, 2007, Theorizing practice in Management Accounting Research, *Handbook of Management Accounting Research*, Vol. I.

Alcouffe, Berland, and Levantc, 2008, Actor-networks and the diffusion of management accounting innovations: A comparative study, *Management Accounting Research*, 19, 1—17.

Alnoor Bhimani, Mthuli Ncube, 2006, Virtual integration costs and the limits of supply chain scalability, *Journal of Accounting and Public Policy*, 25, 390—408.

Amjad Hadjikhani, Joong-Woo Lee, Pervez N. Ghauri, 2008, Network view of MNCs' socio-political behavior, *Journal of Business Research*, 61, 912—924.

Amy J. Hillman, William P. Wan, 2005, The determinants of MNE subsidiaries' political strategies: Evidence of institutional duality, *Journal of International Business Studies*, 36, 322—340.

Anderson E, Gatignon H., 1986, Modes of entry: A transaction cost analysis and propositions, *Journal of International Business Studies*, 17(3), 1—26.

Anette Mikes, 2009, Risk management and calculative cultures, *Management Accounting Research*.

Anil Arya and Brian Mittendorf, 2007, Interacting supply chain distortions: The pricing of internal transfers and external procurement, *The Accounting Review*, Vol. 82, No. 3, 551—580.

Barney, J. B., & Hansen, M. H., 1995, Trustworthiness as a source of competitive advantage, *Strategic Management Journal*, 15, 175—190.

Baron, D. P., 1995, Integrated strategy: Market and nonmarket components, *California Management Review*, 37, 47—65.

Baysinger, B., 1984, Domain maintenance as an objective of business political activity: An expanded typology, *Academy of Management Review*, 9, 248—258.

Beamish, P. W. ,1988, *Multinational Joint Venture in Developing Countries*, New York: Routledge.

Beamish, P. W. , 1993, Characteristics of joint ventures in the People's Republic of China, *Journal of International Marketing*,22, 63—78.

Bisbe and Otley,2004, The effects of the interactive use of management control systems on product innovation, *Accounting*, *Organizations and Society*,29,709—737.

Bjorkman, I. and Lu, Y. , 2001, Institutionalization and bargaining power explanations of HRM practices in international joint ventures-the case of Chinese-Western joint ventures, *Organizations Studies*,22/23,491—512.

Briers and Chua,2001, The role of actor-network and boundary objects in management accounting change: A field study of an implementation of activity-based costing, *Accounting*, *Organizations and Society*, 26,237—269.

Bruining H. , Bonnet, M. and Wright, M. ,2004, Management control systems and strategy change in buyouts, *Management Accounting Research*, Vol. 15, 155—170.

Calantone, R. J. and Zhao, Y. S. , 2000, Joint venture in China: A comparative study of Japanese, Korean and US partners, *Journal of International Marketing*,9(1),1—23.

Carlos Ramirez,2001,Understanding social closure in its cultural context: Accounting practitioners in France(1920—1939), *Accounting*, *Organizations and Society.*

Chalos, P. , O'Conner, N. G. , 2004, Determinants of the use of various control mechanisms in US-Chinese joint ventures, *Accounting*, *Organizations and Society*, 29, 591—608.

Chalos, P. , O'Conner, N. G. ,2005, The perceived effect of accounting controls on US-Chinese joint venture transaction costs and performance, *Journal of International Accounting research*, Vol. 4(2),53—73.

Chee W. Chow, Michael D. Shields, Anne Wu,1999, The importance of national culture in the design of and preference for management controls for multi-national operations, *Accounting*, *Organizations and Society*,24.

Chen, D. et al. ,2010, Host country policies and MNE management control in IJVs: Evidence from China, *Journal of International Business Studies*,41(3),526—537.

Chenhall & Langfield-Smith,2007, Multiple perspectives of performance measures, *European Management Journal*, Vol. 25, No. 4, 266—282.

Child, J. & Yan, Y. ,2003, Predicting the performance of international joint ventures: An investigation in China, *Journal of Management Studies*, 40(2), 283—319.

Child, J., Faulkner, D., and Tallman, S. B., 2005, *Cooperative Strategy: Managing Alliances, Networks and Joint Ventures*, Oxford: Oxford University Press.

Child, J., Faulkner, D. and Tallman, S., 2005, *Cooperative strategy managing alliances, networks, and joint ventures (2nd ed.)*, Oxford University Press.

Chris Patel, 2003, Some cross-culture evidence on Whistle-Blowing as an internal control mechanism, *Journal of International Accounting Research*, Vol. 2.

Chua, W. F., and Mahama, H., 2007, The effect of network ties on accounting controls in a supply alliance: field study evidence, *Contemporary Accounting Research*, 24(1): 47—92.

Clinton Free, 2007, Supply-Chain Accounting Practices in the UK Retail Sector: Enabling or Coercing Collaboration, *Contemporary Accounting Research*, Vol. 24, No. 3, 897—933.

Clinton Free, 2008, Walking the talk? Supply chain accounting and trust among UK supermarkets and suppliers, *Accounting, Organizations and Society*, 33, 629—662.

Cooper, H. and Johnson, I., 2000, Congress's voteprimes firms in U.S. to boost China deals, *Asian Wall Street Journal*, 26—28 May 2000, 1, 7.

Cooper, R., 1990, Cost classification in unit-based and activity-based manufacturing cost systems, *Journal of Cost Management*, 4(3).

Cooper, R. and Kaplan, R. S., 1988, Measure costs right: Make the right decisions, *Harvard Business Review*, 88(5).

Cooper, R. and Kaplan, R. S., 1991, Profit priorities from activity-based costing, *Harvard Business Review*, 69.

Cooper, R. and Kaplan, R. S., 1992, Activity-based systems: Measuring the costs of resource usage, *Accounting Horizons*, 6(3).

Cooper, R. and Kaplan, R. S., 1998, *The Design of Cost Management Systems: Text, Cases and Readings (2nd ed.)*, Englewood Cliffs, NJ: Prentice Hall.

Danture Wickramasinghe, Trevor Hopper, 2005, A cultural political economy of management accounting controls: A case study of a textile Mill in a traditional Sinhalese village, *Critical Perspectiveson Accounting*, 16, 473—503.

Danture Wickramasinghe, Trevor Hopper, Chandana Rathnasiri, 2004, Japanese cost management meets Sri Lankan politics: Disappearance and reappearance of bureaucratic management controls in a privatized utility, *Accounting, Auditing & Accountability Journal*, Vol. 17, No. 1,

85—120.

Das, T., and Teng, B., 2001, Trust, control and risk in strategic alliances: An integrated framework, *Organization Studies*, 22(2): 251—283.

Davila T., 2000, An empirical study on the drivers of management control systems' design in new product development, *Accounting*, *Organizations and Society*, Vol. 25, Issues 4—5, 383—409.

Dechow and Mouritsen, 2005, Enterprise resource planning systems, management control and the quest for integration, *Accounting Forum*, Vol. 30, No. 7—8, 691—733.

Dekker, H. C., 2004, Control of inter-organizational relationships: Evidence on appropriation concerns and coordination requirements, *Accounting*, *Organizations and Society*, 29, 27—49.

Delios, A. and Beamish, P. W., 2004, Joint venture performance revisited: Japanese foreign subsidiaries worldwide, *Management International Review*, 14, 55—68.

Delios, A. and Henisz, W. J., 2000, Japanese firms' investment strategies in emerging economies, *AcademicManage Journal*, 43(3), 305—23.

Demirbag, W. and Mirza, H., 2000, Factors affecting international joint venture success: An empirical analysis of foreign-local partner relationships and performance in joint ventures in Turkey, *International Business Review*, 9(1), 1—35.

Dent, J. F., 1990, Strategy, organisation and control: Some possibilities for accounting research, *Accounting*, *Organizations and Society*, 15, 3—24.

Denzin, N., & Lincoln, Y., 2005, Introduction: The dicipline and practice of qualitative research. In N. Denzin, & Y. Lincoln (Eds.), *Handbook of Qualitative Research*, Thousand Oaks, London: Sage Publications.

Douglas M. Lambert, Martha Cooper and Janus D. Pagh, 1998, Supply Chain Management: Implementation Issues and Research Opportunities, *The International Journal of Logistics Management*, 2.

Dyer, J., and Chu, W., 2000, The determinants of trust in supplier—automaker relationships in the US, Japan, and Korea, *Journal of International Business Studies*, 31(2): 259—285.

Dyer, J., and Chu, W., 2011, The determinants of trust in supplier-automaker relations in the US, Japan, and Korea: A retrospective, *Journal of International Business Studies*, 42(1): 28—34.

Dyer, J. and H. Singh, 1998, The relational view: Cooperative strategy and sources of interorganizational competitive advantage, *Academy of Management Review*, 23(4), 660—679.

Emsley, D. , and Kidon, F. , 2007, The relationship between trust and control in international joint ventures: Evidence from the airline industry, *Contemporary Accounting Research*, 24 (3), 829—858.

Foster, L. and Young, M. , 1997, Frontier of management accounting research, *Journal of management accounting research*, 2, 235—247.

Fryxell, G. E. , Dooley, R. S. and Vryza, M. ,2002, After the ink dries: The interaction of trust and control in US-based international joint ventures, *Journal of Management Studies*, 39(6), 865—886.

Geringer, J. M. and Hebert, L. , 1989, Control and performance of international joint ventures, *Journal of International Business Studies*, 20(2), 235—254.

Ghoshal, S. , and Moran, P. , 1996, Bad for practice: A critique of the transaction cost theory, *Academy of Management Review*, 21(1), 19—47.

Gilliland, D. and Bello, D. C. ,2002, Two sides to attitudinal commitment: The effect of calculative and loyalty commitment on enforcement mechanisms in distribution channels, *Journal of Management Studies*, 39(4), 345—363.

Glaister, P. W. and Buckley, P. J. , 1994, UK international Joint Ventures: An analysis of pattern and distribution, *British Journal of Management*, 5, 33—51.

Govindarajan, V. ,1988, A contingency approach to strategy, moplementation at the business-unit level: Integrating administrative mechanisms with strategy, *Academy of Management Journal*, 31, 828—853.

Gray, B. & Yan, A. ,1997, Formation and evolution of international joint ventures: Examples from US/Chinese partnerships, in *Global Perspectives on cooperative strategies: Asian perspectives*, Paul Beamish and Peter Killingn (eds.),57—88. The New Lexington Press: San Francisco.

Greet Hofstede, 1990, *Cultures and Organizations: Software of the Mind*, New York, McGraw Hill.

Groot, L. C. M. & Merchant, K. A. ,2000, Control of international joint ventures, *Accounting, Organizations and Society*, 25, 579—607.

Gulati, R. , 1995, Does familiarity breed trust? The implications of repeated ties for contractural choice in alliances, *Academy of Management Journal*, 38(1), 85—112.

Gulati, R. , 1995, Social structure and alliance forma-tion pattern: A longitudinal analysis, *Administrative Science Quarterly*, 40, 619—652.

Gulati, R. and H. Singh, 1997, The architecture of cooperation: Managing coordination costs and appro-priation concerns in strategic alliances, *Administra-tive Science Quarterly*, 42, 523—534.

Habib Mahama, 2006, Management control systems, cooperation and performance in strategic supply relationships: A survey in the mines, *Management Accounting Research*, 17, 315—339.

Hans Englund, Jonas Gerdin, 2008, Transferring knowledge across sub-genres of the ABC implementation literature, *Management Accounting Research*, 19, 149—162.

Hartmann, 2000, The appropriateness of RAPM: Toward the further development of theory, *Accounting, Organizations and Society*, 25 (4), 451—482.

Henri C. Dekker, 2003, Value chain analysis in inter-firm relationships: A field study, *Management Accounting Research*, 14:1—23.

Hopwood, 1972, An Empirical Study of the Role of Accounting Data in Performance Evaluation, *Journal of Accountign Research*, 10, 156—82.

Horngren, C. T., Foster, G., Datar, S. M., 1997, *Cost Accounting: A Managerial Emphasis*, (*ninth ed.*), Prentice-Hall.

Inkpen, A., and Currall, S., 2002, A multilevel approach to trust in joint ventures, *Journal of International Business Studies*, 33, 479—495.

Inkpen, A. 1995, *The Management of International Joint Ventures: An Organizational Learning Perspective*, London: Routledge.

Inkpen, A. C. and Beamish, P. W., 1997, Knowledge, bargaining power, and the instability of international joint ventures, *Academy of Management Review*, 177—202.

Inkpen, A. C. and Curall, S. C., 1998, The nature, antecedents, and consequences of joint venture trust, *Journal of international management*, 4(1), 1—20.

Jacobson, C. K., Lenway, S. A. and Ring, P. S., 1993, The political embeddedness of private economic transactions, *Journal of Management Studies*, 30, 453—478.

Jean-Francois Henri, 2006, Organizational culture and performance measurement systems, *Accounting, Organizations and Society*, 31.

Jensen, M. C., 2003, Paying people to lie: The truth about the budgeting process, *European Financial Management*, 9 (3), 379—406.

John J. Williams, Alfred E. Seaman, 2001, Predicting change in management accounting systems: National culture and industry effects, *Accounting, Organizations and Society*, 26.

Jordan Siege, 2007, Contingent political capital and international alliances: Evidence from South Korea, *Administrative Science Quarterly*, 52, 621—666.

Kamminga, P. E. and Meer-Kooistra, J. V., 2007, Management control patterns in joint venture relationships: A model and an exploratory study, *Accounting, Organizations and Society*, 32, 131—154.

Kamminga, P. E. and Van der Meer-Kooistra, J. V., 2007, Management control patterns in joint venture relationships: A model and an exploratory study, *Accounting, Organizations and Society*, 32, 131—154.

Kevin M. Baird, Graeme L. Harrison, Robert C. Reeve, 2004, Adoption of activity management practices: A note on the extent of adoption and the influence of organizational and cultural factors, *Management Accounting Research*, 15.

Killing, J. P., 1983, *Strategies for Joint Venture Success*, Kent: Croom Helm.

Kogut, B., 1988, Joint ventures: Theoretical and empirical perspectives, *Strateg Management Journal*, 9(4), 319—32.

Kopp, R., 1994, International human resource policies and practices in Japanese, European, and United States multinationals, *Human Resource Management*, 33(4), 581—599.

Kwon, Yung-Chul, 2008, Antecedents and consequences of international joint venture partnerships: A social exchange perspective, *International Business Review*, 17, 559—573.

Langfield-Smith, 2006, A review of quantitative research in management control systems and strategy, *Handbook of Management Accounting Research*, Vol. II.

Langfield-Smith, K., 1998, Management control systems and strategy: A critical review, *Accounting, Organization and Society*, 22(2), 207—232.

Langfield-Smith, K., and Smith, D., 2003, Management control systems and trust in outsourcing relationships, *Management Accounting Research*, 14, 281—307.

Libby and Lindsay, 2009, Beyond budgeting or budgeting reconsidered? A survey of Non-American budgeting practice, *Accounting, Organizations and Society*, in Press.

Louise Kloot, 1997, Organizational learning and management control systems: Responding to environmental change, *Management Accounting Research*, 8, 47—73.

Lowe, 2000, The construction of a network at Health Waikato The "towards clinical budgeting" project, *Accounting, Auditing & Accountability Journal*, Vol. 13, No. 1, 84—114.

Lowe, 2001, After ANT An illustrative discussion of the implications for qualitative accounting case research, *Accounting, Auditing & Accountability Journal*, Vol. 14, No. 3, 327—351.

Lu, J. W., 2000, Characteristics and performance of Japanese FDI in China, *Journal of Asian Business*, 16(3), 51—71.

Lu, J. W. and Hébert, 2005, Equity control and the survival of international joint ventures: A contingency approach, *Journal of Business Research*, 58(6), 736—745.

Luft, J. & Shields, M., 2006, Mapping management accounting: Graphics and guidelines for theoryconsistent empirical research, In: C. Chapman, A. Hopwood & M. Shields (Eds), *Handbook of Management Accounting Research* (Vol. 1). Oxford: Elsevier.

Luo, Y., 2001, Antecedents and consequences of personal attachment in cross-cultural cooperative ventures, *Administrative Science Quarterly*, 46, 177—201.

Luo, Y. D., Shenkar, O. and Nyaw, M. K., 2001, A dual parent perspective on control and performance in international joint ventures, *Journal of International Business Studies*, 32 (1), 41—58.

Madhok, A., 1995, Opportunism and trust in joint venture relationships: An exploratory study and a model, *Scand. J. Mgmt*, Vol. 11, No. 1, 57—74.

Malmi & Brown, 2008, Management control systems as a package—Opportunities, challenges and research directions, *Management Accounting Research*, 19, 287—300.

Marko Jarvenpaa, 2007, Making business partners: A case study on how management culture was changed, *European Accounting Review*, Vol. 16, No. 1.

Masquefa, 2008, Top management adoption of a locally driven performance measurement and evaluation system: A social network perspective, *Management Accounting Research*, 19, 182—207.

Merchant, K. A., 1998, *Modern Management Control Systems*, *Upper Saddle River*, NJ: Prentice Hall.

Merchant, K. A., and Van der Stede, W., 2007, *Management Control Systems: Performance Measurement, Evaluation and Incentives*, Harlow, England: Financial Times/Prentice Hall.

Merchant, K. A. and D. T. Otley, 2006, A review of the literature on control and accountability, *Handbook of Management Accounting Research*, Vol. II, Elsevier Press.

Mjoen, H. and Tallman, S., 1997, Control and performance in international joint ventures, *Organization Science*, 8(3), 257—273.

Neale G. O'Connor, Johnny Deng, Yadong Luo, 2006, Political constraints, organizationa design and performance measurement in China's state-owned enterprises, *Accounting, Organizations and Society*,31,157—177.

Neely, A., Bourne, M., Adams, C.,2003, Better budgeting or beyond budgeting? *Measuring Business Excellence*, 7 (3), 22—28.

Ng, PWK, Lau, C. M. and Nyaw, M. K.,2007, The effect of trust on international joint venture performance in China, *Journal of International Management*,13(4), 430—448.

NJStinchcombe, A. L., 1965, Social structure and organizations, In J. g. March (Ed.), *Handbook of Organizations*, 142—193, Chicago: Rand McNally.

Noorderhaven and Anne-Wil Harzing, 2009, Knowledge-sharing and social interaction within MNEs, *Journal of International Business Studies*, 40, 719—741.

Otley, D., 1994, Management control in contemporary organizations: Towards a wider framework, *Management Accounting Research*,5(3—4), 289—299.

Otley, D. T.,1999, Performance management: A framework for management control research, *Management Accounting Research*,10, 363—382.

Ouchi, W. G., 1979, A conceptual framework for the design of organizational control mechanisms, *Management Science*,25(9), 833—848.

Ouchi, W. G., 1980, Market, bureaucracies and clans, *Administrative Science Quarterly*,25, 129—141.

Park, S. H.,1996, Managing an interorganizational network: A framework of the institutional mechanism for network control, *Organization Studies*, 17(5), 795—824.

Parkhe, A.,1993, Strategic alliance structuring: A game theoretic and transaction cost examination of interfirm cooperation, *Academy of Management Journal*, 36(4),794—829.

Paula M. G. van Veen-Dirks and Peter J. A. Verdaasdonk, Management control systems in a supply chain context,2006.

Peter Skaerbaek,Preben Melander,2004, The politics of the changing forms of accounting: A field study of strategy translation in a Danish government-owned company under privatisation, *Accounting, Auditing & Accountability Journal*, Vol. 17, No. 1, 17—40.

Pfeffer, J., and Salancick, G. R.,1978, *The External Control of Organizations*, New York: Harper&Row.

Priscilla O'clock, Kevin Devine, Winter 2003, The role of strategy and culture in the performance evaluation of international strategic business units, *Management Accounting Quarterly*, Vol. 4, No. 2.

Rachel F. Baskerville-Morley, 2003, Hofstede never studied culture, *Accounting, Organizations and Society*, 28.

Rachel F. Baskerville-Morley, 2005, A research note: The unfinished business of culture, *Accounting, Organizations and Society*,30.

Ring, P. S. and Van de Ven, A. ,1992,Structuring cooperative relationships between organizations, *Strategic Management Journal*,13(7), 483—498.

Rousseau, D. M. , Sitkin, S. B. , Burt, R. S. , and Camerer, C. , 1998, Not so different after all: A cross-discipline view of trust, *Academy of Management Review*,23(393—404).

Sabel, C. F. , 1993, Studied trust: Building new forms of cooperation in a volatile economy, *Human Relations*,46(9), 1133—1170.

Sako, M. , 1992, *Prices, Quality and Trust: Inter-firm Relationships in Britan and Japan*, Cambridge: Cambridge University Press.

Santoro, M. D. and McGill, J. ,2005, The effect of uncertainty and asset co-specialization on governance in biotechnology alliances, *Strategic management Journal*, 26(13), 1261—1269.

Schaan, J. L. ,1983, Parent control and joint venture success: The case of Mexico, Doctoral dissertation, University of Western Ontario.

Schein, E. H. , 1992, *Organizational Culture and Leadership*, San Francisco: Jossey-Bass.

Schein, E. H. , 1996, Culture: The missing concept in organization studies, *Administrative Science Quarterly*,41,(2).

Scott, W. R. ,1987, *Organizations: Rational, Natural, and Open Systems*, Englewood Cliffs, NJ: prentice-Hall.

Selnes, F. 1998, Antecedents and consequences of trust and satisfaction in buyer-seller relationships, *European Journal of Marketing*,32(3/4), 305—322.

Shalin Chanchani, Alan Macgregor, 1999, A synthesis of cultural studies in accounting, *Journal of Accounting literature.*

Simons, R. ,1990,The role of management control systems in creating competitive advantage: New perspectives, *Accounting, Organizations and Society*,15, 127—143.

Simons, R. ,2000, *Performance Measurement and Control Systems for Implementing Strategy*, Prentice Hall: Upper Saddle River.

Steensma, H. K. and Lyles, M. A. ,2000, Explaining IJV survival in a transitional economy through social exchange and knowledge-based perspectives, *Strateg Management Journal*,21(8),

831— 51.

Sujoko Efferin, Trevor Hopper, 2007, Management control, culture and ethnity in a Chinese Indonesian Company, *Accounting, Organizations and Society*, 32.

Tallman, SB. and Shenkar, O. , 1994, A managerial decision model of international cooperative venture formation, *Journal of International Business Studies.*

Thomas Ahrens, Massimiliano Mollona, 2007, Organizational controls as cultural practice-A shop floor ethnography of a Sheffield steel mill, *Accounting, Organizations and Society*, 32.

Tomkins, C. 2001, Interdependicies, trust and information in relationshiops, alliances and networks, *Accounting, Organization and Society*, 26(2), 161—191.

Tuomela, T. -S. , 2005, The interplay of different levers of control: A case study of introducing a new performance measurement system, *Management Accounting Research*, 293—320.

Van der Meer-Kooistra, J. and Vosselman, E. , 2000, Management control of inter-firm transactional relationships: The case of industrial renovation and maintenance, *Accounting, Organization and Society*, 25(1): 51—77.

Van der Meer-Kooistra, J. and Vosselman, G. J. , 2001, Management control of interfirm transaction relationships: The case of industrial renovation and maintenance, Working paper.

Vélez, M. L. , Sánchez, J. M. , & Álvarez-Dardet, C. , 2008, Management control systems as inter-organizational trust builders in evolving relationships: Evidence from a longitudinal case study, *Accounting, Organization and Society*, 33(7—8), 968—994.

Vosselman, E. , & Van der Meer-Kooistra, J. , 2009, Accounting for control and trust building in interfirm transactional relationships, *Accounting, organizations and society*, 34 (2), 267—283.

Wai Fong Chua and Habib Mahama, Spring 2007, The effect of network ties on accounting controls in a supply alliance: Field study evidence, *Contemporary Accounting Research*, Vol. 24, No. 1, 47—86.

Welch, J. , 2005, *Winning*, Harper Collins, New York, NY.

Widener, 2007, An empirical analysis of the levers of control framework, *Accounting, Organizations and Society*, Volume 32, Issues 7—8, 757—788.

Williamson, O. E. , 1981, The modern corporation: Origins, evolution and attributes, *The Economic Literature*, XIX, 1537—1568.

Williamson, O. E. , 1991, Comparative economic organization: The analysis of discrete structural alternatives, *Administrative Science Quarterly*,36(2), 269—296.

Willie Seal, Anthony Berry, John Cullen, 2004, Disembedding the supply chain: Institutionalized reflexivity and inter-firm accounting, *Accounting, Organizations and Society*,29,73—92.

Willie Seal, John Cullen, Alec Dunlop, Tony Berry and Mirghani Ahmed, 1999, Enacting a European supply chain: A case study on the role of management accounting, *Management Accounting Research*,10, 303—322.

Wim A. Van der Stede,2003,The effect of national culture on management control and incentive system design in multi-business firms: Evidence of intracorporate isomorphism, *European Accounting Review*.

Yan, A. and Gray, B. ,1994,Bargaining power, management control, and performance in US-China joint ventures: A comparative case study, *Academy of Management Journal*, 37 (6), 1478—1517.

Yan, A. and Gray, B. ,2001, Antecedents and effects of parent control in international joint ventures, *Journal of Management Studies*,38(3),393—416.

Yin,R. K. ,1994, *Case Study Research: Design and Methods*,2nd, edition, London: Sage.

Yin, R. K. , 2009, *Case Study Research: Design and Methods* (4th ed.), Sage Publications.

Yin Xu, Xiaoqun Xu,2008,Social actors, cultural capital, and the state: The standardization of bank accounting classification and terminology in early twentieth-century China,*Accounting, Organizations and Society*, 33,73—102.

Zaheer, A. , McEvily, B. , & Perrone, V. , 1998, Does trust matter? Exploring the effects of interorganizatiando naInlt erpersonal trust on performance, *Organization Science*,9(2).

Zhang, Y. and Li, Y. H. ,2001, The control design and performance in international joint ventures: A dynamic evolution perspective, *International Business Review*, 10(3), 341—362.

陈仁川,刘慧,行动者网络理论在营销学研究中的运用,《中国市场》,2010 年第 4 期。

陈晓萍,徐淑英,樊景立,组织与管理研究的实证方法,北京大学出版社,2008 年。

成志明,中外合资企业控制模型解析,《江海学刊》,2000 年第 6 期。

龚毅,谢恩,战略联盟控制研究综述,《预测》,2005 年第 124 期,第 1 卷。

郭朝阳等,多元化公司的战略与控制——以母公司优势为视角的研究,经济管理出版社,2008 年。

郭明哲,行动者网络理论——布鲁诺·拉图尔科学哲学研究,复旦大学博士论文,2008 年。

韩福荣,徐艳梅,中外合营企业管理现况实证分析与对策研究,《管理世界》,1995 年第 6 期。

韩徐,全勇,合资企业不稳定性研究的综述,《上海商学院学报》,2007 年第 3 期。

华民,蒋舒,开放资本市场:应对"三资企业"、"独资化"发展倾向的策略趋向,《管理世界》,2002 年第 12 期。

黄玉杰,战略联盟中的非正式治理机制:信任和声誉,《河北经贸大学学报》,2009 年第 3 期。

贾生华,吴波,王承哲,资源依赖、关系质量对联盟绩效影响的实证研究,《科学学研究》,2007 年第 25 卷第 2 期。

江旭,廖貅武,高山行,战略联盟中信任、冲突与知识获取和企业绩效关系的实证研究,《预测》,2008 年第 27 期。

李维安,李宝权,跨国公司在华独资倾向成因分析——基于股权结构战略的视角,《管理世界》,2003 年第 1 期。

李维安,吴先明,中外合资企业母公司主导型公司治理模式探析,《世界经济与政治》,2002 年第 5 期。

李新春,产品联盟与技术联盟我国中外合资、合作企业的技术学习行为分析,《中山大学学报(社会科学版)》,1998 年第 1 期。

林善浪,王健,基于行动者网络理论的金融服务业集聚的研究,《金融理论与实践》,2009 年第 10 期。

刘重,天津市合资企业的外商控股问题,《经济研究参考》,1999 年第 34 期。

卢昌崇,李仲广,郑文全,从控制权到收益权:合资企业的产权变动路径,《中国工业经济》,2003 年第 11 期。

路耀兵,王见心,股权结构、管理结构与合资企业的控制,《国际技术经济研究》,1996 年第 2 期。

路耀兵、王心见,跨国公司在中国合资策略与管理的研究,《管理世界》,1996 年第 2 期。

栾兴利,合资企业非组织控制与对策研究,《经济理论与经济管理》,1995 年第 4 期。

毛基业,李晓燕,理论在案例研究中的作用——中国企业管理案例论坛(2009)综述与范文分析,《管理世界》,2010 年第 2 期。

曲庆,中美优秀企业文化陈述的对比研究,《中国工业经济》,2007 年第 5 期。

权英,企业战略联盟中信任培育研究,《经济研究导刊》,2009 年第 26 期。

阮平南,杨丹,战略网络中企业信任度的模糊综合评价,《经济论坛》,2009 年第 13 期。

沈悦志,合资企业外方增资扩股现象透析,《经济与管理研究》,1998年第3期。

苏晓华,张书军,中外合资企业的控制演变及中方学习机制的构建,《科研管理》,2002年。

苏晓华,张书军,中外合资企业的控制演变及中方合资机制的构建,《科研管理》,2006年第27卷第1期。

汪浩,朱国玮,管理控制权与学习效率,《经济管理》,2005年第10期。

王常生译,James L. Gibson 等著,《组织学——行为、结构和过程》,电子工业出版社,2002年。

王披恩,许柏香,中新合资企业的控制机制研究:关于中新合资企业新方母公司控制关键职位,《改革》,1999年第5期。

王清晓,杨忠,跨国公司母子公司之间的知识转移研究:一个情境的视角,《科学学与科学技术管理》,2005年第6期。

吴波,贾生华,企业间合作治理模式选择及其绩效研究述评,《软科学》,2006年第20卷,第5期。

徐艳梅,韩福荣,对中外合营企业稳定性的分析及评价,《中国软科学》,2000年第5期。

许鑫,汪浩,跨国公司对中外合资企业控制关键点的实证研究,《南开管理评论》,2005年第6期。

杨忠,跨国公司控制合资企业的股权控制方式研究,《南京大学学报(哲学·人文·社会科学版)》,2001年第5期。

姚斌华,韩建清,见证广州汽车十年,广东人民出版社,2008年。

曾华群,跨国公司参与合资企业的股权策略浅析,《南开经济研究》,1990年第5期。

张干军,论企业战略联盟中相互信任问题,《企业家天地》,2009年第9期。

张晖,在华外商投资企业控制权争夺及资本运作分析,《投资研究》,2000年第5期。

张莉,曹蔚然,文化对企业行为的影响研究——来自我国合资企业的实证研究,《南开管理评论》,2003年第3期。

张力军,雪莉,对在华外商合资企业成功度指标体系的初步构建及研究,《清华大学学报(哲学社会科学)》,2000年第1期。

赵景华,跨国公司子公司成长与发展的战略机制研究,《东岳论丛》,2001年第6期。

仲济垠,中国三资工业企业的效益与亏损问题研究,《经济研究》,1998年第2期。

周杰,战略联盟中的信任问题研究综述,《科技管理研究》,2009年第9期。

周新军,跨国公司在华企业治理结构调查——以天津开发区为例,《经济理论与经济管理》,2003 年第 4 期。

周治平,钟华,李金林,跨国公司对我国汽车合资企业控制分析,《财经理论与实践》,2006 年第 9 期。

朱奕,陈利明,褚小辉,战略联盟不同发展阶段伙伴企业间信任影响因素分析,《经济研究导刊》,2010 年第 6 期。